Joseph Zalaket

Planification dans un monde d'objets

Joseph Zalaket

Planification dans un monde d'objets

POW: Planning in an Object World

Éditions universitaires européennes

Mentions légales/ Imprint (applicable pour l'Allemagne seulement/ only for Germany)

Information bibliographique publiée par la Deutsche Nationalbibliothek: La Deutsche Nationalbibliothek inscrit cette publication à la Deutsche Nationalbibliografie; des données bibliographiques détaillées sont disponibles sur internet à l'adresse http://dnb.d-nb.de.
Toutes marques et noms de produits mentionnés dans ce livre demeurent sous la protection des marques, des marques déposées et des brevets, et sont des marques ou des marques déposées de leurs détenteurs respectifs. L'utilisation des marques, noms de produits, noms communs, noms commerciaux, descriptions de produits, etc, même sans qu'ils soient mentionnés de façon particulière dans ce livre ne signifie en aucune façon que ces noms peuvent être utilisés sans restriction à l'égard de la législation pour la protection des marques et des marques déposées et pourraient donc être utilisés par quiconque.

Photo de la couverture: www.ingimage.com

Editeur: Éditions universitaires européennes est une marque déposée de
Südwestdeutscher Verlag für Hochschulschriften GmbH & Co. KG
Dudweiler Landstr. 99, 66123 Sarrebruck, Allemagne
Téléphone +49 681 37 20 271-1, Fax +49 681 37 20 271-0
Email: info@editions-ue.com

Produit en Allemagne:
Schaltungsdienst Lange o.H.G., Berlin
Books on Demand GmbH, Norderstedt
Reha GmbH, Saarbrücken
Amazon Distribution GmbH, Leipzig
ISBN: 978-613-1-56016-3

Imprint (only for USA, GB)

Bibliographic information published by the Deutsche Nationalbibliothek: The Deutsche Nationalbibliothek lists this publication in the Deutsche Nationalbibliografie; detailed bibliographic data are available in the Internet at http://dnb.d-nb.de.
Any brand names and product names mentioned in this book are subject to trademark, brand or patent protection and are trademarks or registered trademarks of their respective holders. The use of brand names, product names, common names, trade names, product descriptions etc. even without a particular marking in this works is in no way to be construed to mean that such names may be regarded as unrestricted in respect of trademark and brand protection legislation and could thus be used by anyone.

Cover image: www.ingimage.com

Publisher: Éditions universitaires européennes is an imprint of the publishing house
Südwestdeutscher Verlag für Hochschulschriften GmbH & Co. KG
Dudweiler Landstr. 99, 66123 Saarbrücken, Germany
Phone +49 681 37 20 271-1, Fax +49 681 37 20 271-0
Email: info@editions-ue.com

Printed in the U.S.A.
Printed in the U.K. by (see last page)
ISBN: 978-613-1-56016-3

1

Introduction.

Le projet POW consiste à mettre en œuvre un ensemble de planificateurs, qui peuvent évoluer dans un monde décrit sous forme d'objets. POW fait partie de l'architecture des systèmes à base de connaissances coopératifs. Cette architecture est appliquée à SCAMA (Système Coopératif d'aide à la maintenance Aéronautique), projet industriel en partenariat avec EADS AIRBUS SA, qui a pour but la détection des pannes des avions, la proposition des causes possibles d'une panne et la suggestion des procédures de dépannage.

Les enjeux économiques liés à la maintenance aéronautique ont motivé la modélisation d'un outil d'aide à la maintenance efficace. La maintenance peut par exemple s'effectuer sur piste entre deux vols. Les coûts d'un retard dû à un problème de maintenance peuvent avoir des répercussions financières conséquentes.

Le système vise à diagnostiquer la panne et à donner une procédure de maintenance. La base de connaissance est essentiellement articulée autour de deux manuels de référence habituellement utilisés par les équipes de maintenance :

- Le TSM (Trouble Shooting Manual) aide à reconnaître la panne et référence les tests à opérer sous forme d'une liste de messages ordonnée par priorité de tests.
- L'AMM (Aircraft Maintenance Manual), lié au TSM, décrit comment réaliser les tests et les réparations.

Après un vol, le système reçoit des données issues de l'appareillage de l'avion, le PFR (Printer Flying Report). Les observations de l'équipe de pilotage sont également prises en compte (e.g. sensation de vibration dans l'aileron). Enfin, une observation à priori de l'équipage de maintenance peut avoir sa place.

Le système propose de diagnostiquer la panne en indiquant à l'équipe de maintenance quels tests réaliser et comment, puis d'opérer la procédure de dépannage. Au fur et à mesure des opérations, le système mets à la disposition des utilisateurs la possibilité de consulter les documents de référence (TSM, AMM, schémas de circuits électrique, etc.)

Le but de POW qui fait partie du projet SCAMA est de créer un système intelligent capable de trouver une solution à un problème posé, d'une façon autonome en utilisant la technique de la planification.

Etant donné un état initial du monde, étant donné un ensemble d'actions applicables sur l'état du monde et étant donné un but à atteindre, la planification consiste à trouver la séquence d'actions capables d'atteindre le but à partir de l'état initial.

La plupart des planificateurs existants utilisent une représentation prédicative (littérale) pour modéliser le monde. Peu de travaux de planification ont été conduit sur la planification dans un monde objets, même OCL a gardé une représentation prédicative en introduisant la notion objet.

L'équipe CSC (Conception de Systèmes Coopératifs) de l'IRIT a proposé l'Object-STRIPS [Camilleri, 2000], une théorie permettant de planifier dans un monde totalement objets. L'Object-STRIPS appartenant à la famille STRIPS est une évolution de Functial-STRIPS [Geffner 1999], [Geffner 2000]. Object-STRIPS remplace la représentation prédicative par des objets et les fonctions par des méthodes applicables sur ces objets.

STRIPS [Fikes & Nilsson, 1971] a été introduit au début des années 70, et utilisé pour planifier les actions du robot « Shakey ». Il repose sur la réduction du problème à la façon

GPS [Newell & Simon, 1963]. Shakey était un robot mobile communicant à distance avec les logiciels, qui percevait le monde à travers une caméra et des proximètres de contact et de distance; ses seuls effecteurs étaient ses moteurs de déplacement, grâce auxquels il pouvait aussi pousser des objets. Aujourd'hui les planificateurs doivent résoudre des problèmes de planification de plus en plus complexes qui peuvent mener des robots très évolués comme « pathfinder »[1] à atteindre leurs buts. Actuellement, les recherches se concentrent sur l'amélioration du temps de génération des plans, pour permettre la prise des décisions en temps réel et pour résoudre des problèmes de planification qui représentent mieux le monde réel. Plusieurs solutions ont été proposées dans ce sens visant à accélérer la recherche d'un plan d'une part, et de permettre la planification dans un monde très complexe d'autre part. Parmi ces solutions, la recherche heuristique permet de préférer des chemins particuliers pendant la recherche choisis par rapport à un certain critère. Des planificateurs utilisant des heuristiques comme HSP [Bonet & Geffner,1998] et HSPr [Bonet & Geffner,1999] ont donné de bons résultats (par rapport aux planificateurs traditionnels). En outre, l'utilisation des graphes pour la recherche des plans a donné des résultats intéressants, comme Graphplan [Blum & Furst,1997] qui utilise la recherche dans un graphe d'états avec des contraintes d'exclusion mutuelle.

Le langage functional STRIPS diffère de STRIPS dans deux aspects majeurs : Les symboles fonctionnels sont permis et ils peuvent être fluents. Il y a un peu de changements mais les conséquences sont importantes pour la modélisation et la résolution du problème. Le problème avec un grand nombre d'instances de base dans la formulation en STRIPS est une conséquence de la demande que des objets soient référés par leurs noms uniques. En effet, une fois des symboles de fonction sont permises et des termes composés qui peuvent être utilisé pour nommer des objets comme dans le cas de Functional STRIPS ce problème peut être évité.

Object-STRIPS a hérité les avantages de Functional STRIPS, en introduisant la notion orientée objet pour remplacer la représentation fonctionnelle. Le but d'Object-STRIPS est de pouvoir planifier des structures de contrôles complexes et d'assurer l'accélération de la recherche du plan dans ces structures. En utilisation de l'orientée objet nous sommes arrivés à une meilleure représentation du monde, dans chaque étape de planification, l'ensemble des objets appartenant à cette étape peut refléter l'état courant du monde. Dans Object-STRIPS les actions sont décrites dans le paradigme Tâche/méthode. De plus c'est une extension de la représentation des actions de STRIPS. L'avantage de cette présentation par rapport au STRIPS, est que ce dernier utilise souvent dans les préconditions et les effets, des variables permettant de nommer les propriétés manipulées par les actions. Tandis que dans Object-STRIPS on peut réduire au minimum le nombre de ces variables, car l'objet est capable d'encapsuler des attributs indiquant sa situation. Pour accéder à ces attributs, il suffit donc d'appeler les méthodes appropriées de l'objet.

Dans ce livre je représente la modélisation et l'implémentation de deux planificateurs dans le cadre d'Object-STRIPS. Les deux planificateurs que j'ai proposés utilisent un graphe comme base de génération des états de recherche du plan solution.
Le premier planificateur génère et recherche un graphe en largeur d'abord, grâce auquel il est théoriquement possible d'atteindre une solution optimale dans le cas où le nombre d'états générés ne dépasserait pas la capacité mémoire. La complexité en temps de ce premier planificateur est exponentielle en fonction de la profondeur du graphe d'état.

---

[1] Pathfinder est le robot envoyé par NASA pour découvrir Mars.

Le deuxième planificateur est basé sur un graphe en profondeur d'abord, qui permet d'optimiser l'utilisation de la mémoire en gardant un seul chemin de recherche à la fois, en libérant les réservations mémoires des objets appartenant à un chemin déjà traité. Ce planificateur en profondeur d'abord peut arriver à une solution dans le cas où la profondeur précisée (nombre maximal de nœuds) serait plus profonde que le plan solution. Cependant le plan obtenu avec ce type de recherche n'est pas forcement le plan optimal en nombre d'actions. La complexité en temps de ce dernier planificateur est exponentielle en fonction de la profondeur maximale imposée du graphe d'état.

Un mécanisme de découpage des cycles était ajouté à ces planificateurs. Ce mécanisme permet d'éviter les cycles dans le planificateur en profondeur d'abord et de réduire le nombre de nœuds dans le planificateur en largeur d'abord tout en donnant la possibilité de réduire le temps de recherche d'un plan, et de gagner en espace mémoire.

D'autres difficultés rencontrées durant la modélisation et la conception ont été résolues en introduisant des algorithmes convenables qui sont détaillés dans ce livre.

L'implantation de ces planificateurs est faite en langage Java, et la modélisation objet en UML.

1 Interaction homme/machine et Reconnaissance de Plan.

1.1 Présentation des systèmes à base de connaissance coopératifs.

1.1.1 Nécessité de la coopération et de la reconnaissance d'intentions.

Les systèmes à base de connaissance (SBC) sont des systèmes possédant et gérant une ou plusieurs bases de connaissances et cherchant à reproduire de manière opérationnelle le raisonnement de l'humain modélisé. Les premiers SBC étaient les systèmes experts. Les concepteurs de ces systèmes ont été confrontés aux problèmes de représentation (formalisation) des connaissances humaines (connaissances incertaines et/ou imprécises), de gestion des bases de connaissances (cohérence, ajout de connaissances,...) d'acquisition des connaissances, de conception de moteur d'inférences efficaces et valides.

L'objectif de l'acquisition des connaissances est d'établir des démarches permettant de recueillir, structurer et formaliser une base de connaissances. Dans la plupart des systèmes, les connaissances sont séparées des outils qui les manipulent. La base de connaissances représente les connaissances d'un seul expert dans un seul domaine d'expertise.

Les systèmes experts de deuxième génération manipulent des connaissances de différente nature et proposent des méthodes plus générales de gestion des connaissances. Un système expert de deuxième génération peut être constitué de plusieurs bases de connaissances contenant plusieurs domaines d'expertise. Cette notion de « multi-expertise » apparaît lorsqu'un modèle vise à représenter complètement la connaissance d'un expert humain. En effet, cet expert peut être pluri-disciplinaire ou simplement utiliser des connaissances extérieures à son domaine pour résoudre des problèmes de cohérences, d'unicité des concepts entre les bases des différents domaines.

Les SBC classiques ne sont souvent pas adaptés à l'activité réelle des utilisateurs car ils s'intéressent trop à l'aspect résolution du problème et pas assez à la qualité de l'aide fournie. Les réponses aux requêtes de l'utilisateur sont en effet parfois incomplètes voire inutilisables. Par exemple, dans le cas d'un SBC qui gère un réseau ferroviaire, si le contexte d'utilisation est « l'utilisateur veut voyager de Toulouse à Nancy » et la question posée est « Connaissez-vous l'heure du prochain train pour Paris ? », plusieurs types de réponses sont envisageables :
- Oui.
- 8h45
- 8h45, mais celui de 9h02 arrive plus tôt à Paris.
- 8h45, mais celui de 9h02 arrive plus tôt à Paris. Êtes vous sûr de vouloir passer par Paris, c'est plus rapide par Lyon.

La première réponse est complètement inutilisable par l'utilisateur car elle ne lui apporte aucune information pertinente. C'est pourtant une réponse qui correspond à sa requête (question fermée) et les SBC classiques sont souvent conçus pour fournir ce type de réponse. La prise en compte du contexte du discours et des intentions de l'utilisateur, véhiculées par ses locutions, doivent permettre aux SBCC d'apporter des réponses pertinentes.

1.1.2 Les systèmes multi-agents.

Les systèmes milti-agents sont des outils de modélisation cherchant à appréhender la coordination de processus autonomes. Pour Weiss (1999), un agent est une « entité informatique autonome », qui peut être vue comme percevant et agissant de façon autonome sur son environnement. On peut parler d'autonomie car son comportement peut dépendre partiellement de son expérience.

Un système multi-agents est constitué d'un ensemble de processus informatiques se déroulant en même temps, donc de plusieurs agents actifs au même moment, partageant des ressources communes et communicantes entre eux.

L'utilisation de systèmes multi-agents permet de réduire la complexité d'un problème en le divisant et en le répartissant entre les différents agents. On parle d'intelligence artificielle distribuée.

Les agents peuvent interagir de plusieurs manières. Ils peuvent entrer en compétition, négocier, coopérer... L'utilisation des systèmes coopératifs semble adaptée au développement d'outils d'aide au travail.

D'un point de vue interne, les systèmes sur lesquels nous travaillons sont des systèmes multi-agents : les agents du système coopèrent pour réaliser un objectif. D'un point de vue externe, si l'on considère la coopération homme/machine, le système peut être apparenté à un seul agent coopérant avec l'utilisateur.

1.1.3 Les concepts de la coopération.

Une activité est coopérative si et seulement si :
- elle met en jeu plusieurs partenaires ;
- tous les partenaires ont un objectif commun ;
- ils ont des buts identifiables ;
- un découpage en tâches de l'activité nécessaire pour atteindre l'objectif est observable.

L'objectif commun est le but collectif que les agents cherchent à réaliser. Il est à noter que souvent, l'objectif motivant une activité collective fait partie des plans individuels des agents impliqués. Cet objectif est généralement réalisé pour satisfaire des finalités individuelles différentes.

Par exemple si un agent A_1, au volant de sa voiture, tombe en panne et qu'un agent A_2 l'aide à pousser la voiture qui se trouve au milieu de la route, les deux agents coopèrent avec un objectif commun : Pousser la voiture. Cependant, l'agent A_1 adopte cet objectif pour garer sa voiture alors que l'agent A_2 a l'intention individuelle de poursuivre sa route.

La notion de coopération se définit en termes de nature des tâches observées et de la relation entre les tâches réalisées par les participants. Si les tâches exécutées par des agents semblent réaliser une tâche plus générale, alors on peut dire que ces agents coopèrent pour réaliser cette tâche. Par exemple, si un agent lave une salade et un autre agent prépare une vinaigrette, alors on peut dire que ces deux agents coopèrent si l'on considère que le fait de laver une salade et celui de préparer une vinaigrette permet de réaliser la tâche « faire une salade ».

La notion de communication est essentielle car elle permet non seulement de dialoguer système-utilisateur, mais elle est également à la base de la coordination entre les agents. Ces agents peuvent en effet être emmenés à se synchroniser (e.g. partage de ressource) ou à échanger des résultats. La communication peut enfin être inhérente à la distribution géographique des agents.

1.2 Les modèles utilisés dans la coopération

Nous présentons dans cette section les modèles utilisés dans le SBCC. Ces modèles représentent les bases de connaissances (relatives aux applications dans lesquelles les SBCC s'insèrent) mais également comme nous le verrons, le fonctionnement même du système.

1.2.1 Modèles conceptuels.

Les connaissances utilisées par les SBCC sont représentées par les modèles conceptuels. Les connaissances manipulées par le gestionnaire de communication des SBCC émanent donc de ces modèles conceptuels.

Définitions :
1. un modèle conceptuel est constitué d'un *modèle du domaine* et d'un *modèle du raisonnement*.
2. un *modèle du domaine* représente les objets du domaine. Généralement, les modèles du domaine correspondent à des modèles entité/association ou à des modèles objets classiques.
3. un *modèle du raisonnement* décrit comment une tâche peut être réalisée. C'est une décomposition fonctionnelle à plusieurs niveaux de tâche.
4. *une tâche* est une entité autonome de traitement qui permet à partir d'un ensemble d'entrées d'atteindre un but.
5. *une méthode* est une décomposition fonctionnelle à un niveau d'abstraction d'une tâche.

1.2.2 Planification pour la construction/complétion dynamique de modèles conceptuels.

La construction de modèles conceptuels exhaustifs pose lors de la conception de nombreux problèmes. Il apparaît intéressant de construire dynamiquement de nouvelles méthodes adaptées à la résolution du problème courant. Pour cela, nous avons choisi d'utiliser les mécanismes de la planification des actions dans la construction (complétion) dynamique de modèles conceptuels.

1.3 Architecture des SBCC

1.3.1 Composants des SBCC.

Les SBCC se décomposent en plusieurs modules, représenté sur la figure 2.3

La base de connaissances
La base de connaissances représente les connaissances des différents experts. Cette base est construite pour la résolution de problèmes.

L'environnement
L'environnement du système est l'ensemble des éléments extérieurs susceptibles d'intervenir soit directement dans la résolution du problème (e.g. paramètres transmis par des capteurs), soit dans les conditions de la résolution du problème (e.g. choix organisationnels).

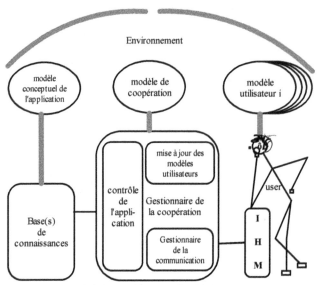

FIG. 2.3---Architecture des SBCC

L'interface homme-machine

L'interface homme-machine est le médiateur entre l'utilisateur et le gestionnaire de la communication. Elle traduit les énoncés de l'utilisateur dans le langage formel des actes de communication du système. Inversement, elle doit transformer les actes de communications formels du système en information perceptible par l'utilisateur. Son rôle est donc de signifier les états mentaux des agents coopérant au travers des actes de communications.

Le gestionnaire de la coopération

Le gestionnaire de la coopération contrôle les fonctions donnant au système un comportement coopératif. Pour cela, le gestionnaire de l'application détermine la stratégie de coopération et affecte les sous-problèmes à la base de connaissances.
Le mode de coopération est défini selon plusieurs paramètres : paramètres environnementaux, état mental de l'utilisateur, etc. Les modèles utilisateurs jouent un rôle important dans le choix de la stratégie de coopération. Le système pourra adapter par exemple le niveau de description d'une procédure suivant les qualifications de l'utilisateur, du fait qu'il sera expert ou novice, de l'historique des problèmes déjà abordés, des préférences, etc. L'affectation de sous-problèmes consiste à faire exécuter à la base de connaissances une partie de la résolution du problème. La base de connaissances réalise alors un rôle précis dans un contexte donné, tous deux déterminés en fonction du mode de coopération courant.
Le gestionnaire de communication a pour but de reconnaître les intentions de l'utilisateur par l'interprétation de ses actes de communication.

10

2 Planification et robotique.

2.1 Le principe général.

Définition : La planification est une sous-discipline de l'intelligence artificielle qui se propose :
 1-Etant donnée une représentation de l'*état initial* du monde.
 2-Etant donné un ensemble d'*actions* capables de changer l'état du monde.
 3-Etant donné un *but* à atteindre.
De donner les moyens à un système informatique de déterminer une suite d'actions à appliquer sur le monde pour le faire passer de l'état initial à un état qui satisfait le but à atteindre.
Un plan est donc une séquence d'actions qui mène à un but, ce plan est généré par un système informatique appelé générateur de plan ou planificateur.

Exemple :
Pour acheter une chemise il nous faut appliquer les actions suivantes pour aboutir à ce but :

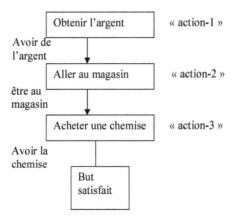

La planification est utilisée dans plusieurs domaines surtout dans le cadre d'une application robotique.
D'après (FAR-80), Un robot est « une machine capable d'exécuter des tâches (physiques) dans les conditions qui semblent requérir certaines qualités humaines telles que : Faculté d'adaptation, autodétermination, aptitude à l'apprentissage et surtout capacité de représentation du monde, de précondition et de planification ».
Les robots les plus évolués, ceux de troisième génération intègrent quatre fonctions principales :
 1- La fonction **perception** : son rôle est de recueillir des informations sur l'environnement en utilisant des capteurs (caméras, micros,….).

2- La fonction **modélisation** : elle consiste à traiter les informations qui lui sont fournies par la fonction perception pour construire et maintenir à jour un modèle interne du monde extérieur.

3- La fonction **action** : elle permet au robot d'agir sur le réel au moyen d'effecteurs (moteur de déplacement, manipulateur,…) commandés par la fonction décision.

4- La fonction **décision** : elle articule le fonctionnement des trois autres fonctions, détermine leurs arguments, lance leur action et analyse leurs résultats, en vue d'effectuer une tâche globale.

On appelle robot-logiciel, des logiciels qui réalisent la fonction décision des robots de troisième génération. Ces logiciels ont comme rôle la génération du plan et la surveillance de l'exécution de ce plan.

Cependant bien que la robotique soit le domaine le plus important pour appliquer la planification, cette dernière peut servir dans plusieurs autres domaines chaque fois qu'on a un agent capable d'agir. Parmi ces domaines où la planification a été appliquée avec succès :

-Le contrôle aérien : système de Wesson [Wesson, 1977], AUTOPILOT [Thorndyke , 1981].

-La compréhension du langage naturel [Wilkins,1983.b].

-Les jeux tels que les échecs [Bratko & al,1984] ou le Rubic's cube [Banergi & al,1984].

2.2 Paradigme général de planification.

La plupart des planificateurs classiques suivent les règles suivantes :
- L'action d'un agent change le monde d'un état statique à un autre état.
- Les effets des actions sont prédictibles.
- Le monde change seulement comme résultat aux actions des agents.

La planification peut être considérée comme étant une opération de recherche dans un monde d'états, dans lequel les transitions d'un état à un autre sont des actions que l'agent peut réaliser.

Le problème traité par le domaine de la planification est de déterminer un plan (séquence d'actions) permettant dans un contexte donné (état initial) d'atteindre un but. Actuellement, deux cadres de travail distincts permettent de résoudre ce problème :
- La *planification basée sur les actions* exprime le problème précédent à l'aide d'une situation initiale, d'un ensemble de définitions d'actions et d'un but à atteindre. Une solution est une séquence d'actions dont l'exécution à partir de la situation initiale produit une situation finale vérifiant la proposition but.
- La *planification hiérarchique* décrit le problème de la même manière en utilisant en plus un ensemble de définitions d'actions abstraites. Une action abstraite ne peut pas être directement exécutée, sa réalisation doit être planifiée à l'aide d'une « bibliothèque de plan » . Un problème est spécifié par la proposition but et une action (généralement abstraite) à exécuter. Une solution est une séquence d'actions primitives réalisant le but, correspondant à une expansion (planification) de l'action à exécuter.

Dans les deux parties suivantes, nous présentons plus en détail ces deux approches de planification.

2.2.1 Planification basée sur les actions.

La planification basée sur les actions traite deux catégories de problèmes :
- *Planification classique* : le planificateur a une connaissance complète de l'état initial, il connaît aussi tous les effets de toutes les actions.
- *Planification réactive* : est un cadre de planification plus vaste, les deux hypothèses précédentes sont relaxées. Différents types de problèmes de planification réactive existent, ils dépendent des dispositifs utilisés (capteurs, effecteurs, etc.).

La plupart des planificateurs basés sur les actions utilisent le formalisme STRIPS [Fikes & Nilsson, 1971] pour représenter les actions.

Définition : Une action [2] est une transition entre deux états du monde.

Une action modifie l'état du monde auquel elle est appliquée. Un problème posé par la représentation des actions est la description des états du monde. Une description complète de l'état initial n'est pas nécessaire, en effet il suffit de modéliser uniquement les parties du monde ayant une influence sur l'action (préconditions). Par contre, la description de l'état final [3] requiert une description des éléments du monde ajoutés par l'application de l'action, des éléments qui ne sont plus présents dans l'état résultant et des éléments invariants. Le problème de la description des éléments invariants est appelé problème de décor (Frame Problem) . STRIPS propose une solution partielle au problème du décor. Une action dans STRIPS est représentée de la manière suivante :

Nom	Nom de l'action et une liste de paramètres.
Préconditions	Conditions devant être satisfaites dans l'état du monde courant pour appliquer l'action.
Effets	*Liste d'ajouts* : faits devenant vrais après l'application de l'action. *Liste de retraits :* faits devenant faux après l'application de l'action.

Les péconditions représentent l'ensemble des conditions requises pour l'application de l'action. L'hypothèse suivante est nécessaire à la construction de l'état résultant de l'application d'une action STRIPS : Tout fait de l'état courant ne faisant pas partie des effets reste vrai dans l'état résultant. La liste des ajouts décrit les éléments du monde devenant vrais dans l'état résultant, La liste des retraits spécifie l'ensemble des faits à supprimer de l'état résultant. Par conséquent, dans une description STRIPS , les faits invariants ne sont pas spécifiés dans la définition de l'action. Par exemple, pour déplacer un camion $?c$ de la ville $?o$ à la ville $?d$, il faut que le camion soit dans la ville $?o$ (précondition). L'état résultant est caractérisé par les faits suivants : le camion se trouve dans la ville $?d$ (ajout), de plus il n'est plus dans la ville $?o$ (retrait).

Exemple de définition d'action en STRIPS :

---

[2] Dans ce contexte on utilise la notion de tâche au lieu d'action où la tâche peut être formée d'une ou d'un ensemble fini d'actions.

[3] État causé par l'application de l'action

13

```
déplacer( ?c , ?o , ?d )
prec    : en( ?c , ?o )
Ajout  : en( ?c , ?d )
Retrait : en( ?c , ?o )
```

Les processus de planification sont très différents selon les approches. Les stratégies suivantes sont les principales stratégies utilisées pour effectuer la recherche du plan permettant à partir de l'état initial d'atteindre un état final contenant le but.

- La *recherche en avant* (chaînage avant ou progression) travaille dans un espace d'états, elle développe l'état initial en lui appliquant des actions, sélectionne (heuristique) des états résultants puis développe les états ainsi sélectionnés. Le processus s'arrête quand le but est contenu dans un état résultant.

- La *recherche en arrière* (chaînage arrière ou régression) [Bonet & Geffner, 1999] travaille dans un espace de buts. Une partie du but est remplacée par les préconditions des actions ayant cette partie dans la liste des ajouts ; de cette manière, plusieurs états sous-buts sont définis. Une heuristique sélectionne des états sous-buts. Ainsi de suite jusqu'à l'obtention d'un état but qui est satisfait dans l'état initial.

2.2.2 Planification hiérarchique.

Le planificateur NOAH développé par [Sacerdoti, 1974] est un des premiers planificateurs hiérarchiques. Le processus de planification de NOAH commence par décomposer le but (conjonction d'atomes) en sous-buts[4]. Une des caractéristiques intéressantes de ce planificateur est la construction de plan non linéaire[5]. De plus, un mécanisme de linéarisation est utilisé pour résoudre les conflits engendrés par l'hypothèse d'indépendance des sous-buts. Notons que, dans un plan linéaire l'ordre d'exécution des actions est complètement établi. Souvent certaines actions peuvent être exécutées dans un ordre quelconque. Les plans non linéaires sont plus généraux que les plans linéaires, car seules les séquences d'actions nécessaires à la résolution du but sont décrites.

Le principe de la planification hiérarchique est de décomposer le but en sous-buts plus simples pour atteindre des buts satisfaits dans l'état initial. Les travaux sur la planification hiérarchique [Lotem & al., 1999] ont défini un nouveau paradigme appelé HTN (Hiararchical Task-Network), qui sont basés sur les primitives de tâche et méthode. Deux types de tâches sont utilisés :

Définition Une tâche primitive (ou opérateur) est une action décrite dans le formalisme STRIPS [Fikes & Nilsson, 1971].

Définition Une tâche abstraite est une action abstraite.

Définition Une méthode décompose une tâche abstraite en sous-tâches.
    Les tâches abstraites possèdent les caractéristiques suivantes :

---

[4] Correspondant aux atomes de l'expression du but
[5] Au lieu de satisfaire les buts (sous-buts) séquentiellement, on satisfait chacun des sous-buts à part.

Nom	Nom de la tâche.
Paramètres	Liste des paramètres de la tâche.

Les méthodes sont généralement décrites de la manière suivante :

Entête	Nom de la tâche réalisée par la méthode.
Sous-tâches	Sous-tâches participant à l'exécution de l'entête.
Contraintes	Ensemble des contraintes de la méthode.

Les conditions d'application d'une méthode ainsi que l'ordre d'exécution des sous-tâches sont décrits dans les contraintes de la méthode. La méthode de la tâche abstraite *transporter*, décrit comment transporter un paquet *?p* d'une position origine *?o* à une destination *?d*. L'ordre d'exécution (ici une séquence) et représenté dans les contraintes par *n1<n2*... Les contraintes d'instanciation par *?o<> ?d* et les contraintes d'état entre les sous-tâches par *entre(camion-en(?c , ?o) , n1 , n2)*, etc.. Cette méthode signifie : pour transporter un paquet *?p* d'une position *?o* à une position *?d*, il faut déplacer le camion *?c en ?o   camion-pos(?c , ?o)*, charger le paquet *?p* dans le camion *?c charger(?p , ?c , ?o)*, puis déplacer le camion en *?d camion-pos(?c , ?d)* pour le décharger le paquet *décharger(?p , ?c , ?d)*. L'ordre d'exécution des sous-tâches dans une méthode peut être plus complexe que la séquence, dans ce cas le planificateur devra manipuler les nouveaux contrôles. La tâche primitive *charger* dans l'exemple suivant est décrite dans le formalisme de STRIPS par un ensemble de préconditions *pre* et un ensemble d'effets *post* contenant une liste de retraits et une liste d'ajouts.

Exemple de tâche primitive

> *Charger(?p , ?c , ?1) :-*
> *pre : en(?p , ?1) , camion-en(?c , ?1)*
> *post : ~en(?p, ?1) , en (?p, ?c)*

Exemple de méthode.

> *transporter(?p , ?o , ?d)*
> *n1 : camion-pos(?c , ?o)*
> *n2 : charger(?p , ?c , ?o)*
> *n3 : camion-pos(?c , ?d)*
> *n4 : décharger(?p , ?t , ?d)*
> contraintes :
> *n1<n2 et n2<n3 et n3<n4 et ?o<> ?d* et
> *entre(camion-en(?c , ?o),n1,n2)* et
> *entre(en(?p , ?c) , n2 , n4)* et
> *entre(camion-en(?c , ?d) , n3 , n4)*

Le but de planification HTN est exprimer à l'aide de tâches (par exemple :
transporter(p1 , l1 , l2) ∧ transporter(p2, l2 , l4)) ; Le mécanisme de planification construit généralement un arbre (et /ou) ayant le but pour racine. La construction de l'arbre s'effectue en développant les feuilles en fonction des méthodes décrites. L'extension de l'arbre s'arrête aux tâches primitives représentant le plan recherché.

2.2.3 Caractéristiques communes.

L'objectif principal de la planification est de déterminer un plan permettant à partir d'un état initial d'atteindre un but. Par conséquent, les modèles (tâches/méthodes des HTN ou action) ne sont pas des modèles d'exécution. Lors de la définition des actions (primitives pour les HTN), la partie exécutable n'est pas fournie, les actions décrivent seulement le changement d'états, elles ne spécifient pas le code exécuté. Cependant, la partie exécutable est parfois fournie de manière implicite au travers d'opérateurs du domaine (travaillant sur les états). Par exemple, la description d'une action effectuant un calcul peut utiliser une fonction du domaine effectuant ce calcul. Dans ce cas, dans l'expression de la liste des ajouts, cette fonction du domaine sera utilisée.

3 Planificateurs basés sur les actions

3.1 STRIPS

3.1.1 Présentation.

STanford **R**esearch **I**nstitude **P**lanning **S**ystem : introduit au début des années 70 [Fikes & Nilsson, 1971] utilisé pour planifier les actions du robot « Shakey ».Initialement le robot Shakey reposait sur une représentation GPS (General Problem Solver) [Newell & Simon, 1963].

Shakey était un robot mobile communicant à distance avec les logiciels, qui percevait le monde à travers une caméra et des proximètres de contact et de distance ; ses seuls effecteurs étaient ses moteurs de déplacement, grâce auxquels il pouvait aussi pousser des objets.

Les formalismes GPS spécifient dans les actions, les faits modifiés, mais aussi les faits invariants. Cependant, dans un monde donné, lors de l'application d'une action, les faits invariants sont bien plus nombreux que les faits modifiés, rendant le formalisme lourd même dans des mondes simples. Le problème soulevé par ce formalisme est appelé problème du décor « Frame Problem ». Ce problème vient du fait que lorsqu'on transforme par l'exécution d'un acte l'état du monde, il faut pour obtenir le nouvel état courant, décrire les modifications qui lui sont apportées. Dans les premiers systèmes de résolution de problème comme GPS ou le résolveur de Green, on devait spécifier pour chaque action, non seulement les faits qu'elle modifiait mais aussi ceux sur lesquels elle n'avait aucun effet [6]. Or si l'on compare l'univers sur lequel on travaille à une scène de théâtre, l'exécution d'une action entraîne très peu de changements sur le décor : il y a beaucoup plus de choses qui ne sont pas modifiées que de choses qui le sont. Les formalismes employés dans GPS ou le résolveur de Green ne peuvent donc pas être utilisés efficacement même pour des applications simples.

Pour alléger cette charge Fikes et Nilsson posèrent le postulat de STRIPS: Tout fait qui n'appartient pas explicitement à une liste d'ajouts ou à une liste de retraits de l'action est invariant.

Les actions dans STRIPS sont décrites par des quadruplets de la forme :
(<Nom de l'action(paramètres)> <Prec> <Ajout> <Retrait>) où :

- Prec : liste des conditions nécessaires à l'action .
- Ajout : liste des faits ajoutés à la description du monde par l'exécution de cette action.
- Retrait : : liste des faits enlevés à la description du monde lors de l'exécution de cette action.

Par exemple, le monde de Rocket sera représenté avec STRIPS de la manière suivante :
Le problème s'agit de faire déplacer une fusée « Rocket » de la terre vers la lune et réciproquement, avec la possibilité de charger cette fusée avec des cargaisons.

---

[6] D'où l'emploi d'axiomes descriptifs du contexte invariant de l'action ou frame axioms

```
Move(Rocket r, Position p1 ,Position p2)
Prec    : at(p1 , r)
Ajout   : at(p2 , r)
Retrait : at(p1 , r)

Load(Rocket r, Cargaison ca ,Position p)
Prec    : at(p , r)
          at(p , ca)
Ajout   : in(r , ca)
Retrait : at(p , ca)

UnLoad(Rocket r, Cargaison ca ,Position p)
Prec    : at(p , r)
          at(r , ca)
Ajout   : at(p , ca)
Retrait : in(r , ca)
```

Fig.2.1 Actions du Rocket World en STRIPS

Modèles de simulation de l'évolution

Pour pouvoir prévoir l'évolution du monde lors de l'exécution d'une nouvelle action, il est nécessaire d'utiliser une description simulée du monde. Au début de la planification, ce monde simulé est initialisé par la description fournie du monde réel. Chaque fois qu'une nouvelle action est ajoutée au plan, le planificateur fait évoluer le monde simulé, afin qu'il traduise les effets, que la réalisation de l'action aurait eu sur le monde réel. Pour cela, une description des actions sous forme de quadruplets à la STRIPS est utilisée. Une action est exécutable si la liste des préconditions appartient au monde simulé actuel, son exécution ajoute au monde les faits contenus dans la liste d'ajout et supprime les faits de la liste de retrait.

3.1.2   Le langage STRIPS .

Le langage STRIPS comporte deux parties : un langage pour décrire le monde et un langage pour décrire le changement du monde. Le premier est appelé le langage d'état « State language » ou simplement le langage, et le second est appelé le langage d'opérateur « Operator language ».
Le langage STRIPS Ls est formé de 2 types de symboles :les symboles relationnels et les symboles constants. Dans l'expression $on(a,b)$, on est un symbole relationnel tandis que a et b sont des symboles constants. Nous référons à l'ensemble des symboles relationnels et constants par R et C respectivement.
Dans le langage STRIPS, il n'y a aucun symbole fonctionnel et les symboles constants sont les seuls termes. Les atomes sont définis d'une façon standard de la combinaison $p(t_1,\ldots,t_n)$ de

18

symbole p et ensemble de termes t_j. Dans STRIPS , seules les conjonctions sont utilisées, elles sont identifiées avec des ensembles d'atomes.

Une différence majeure entre les symboles relationnels et les symboles constants dans STRIPS, est que les premiers sont utilisés pour garder la trace des aspects du monde, qui sont susceptibles d'être affectés par l'application des actions (e.g., *on(a,b)*). Tandis que les seconds sont utilisés pour se référer des objets dans le domaine (e.g., *on(a,b)*). Plus précisément les actions dans STRIPS affectent la dénotation des symboles relationnels et non pas la dénotation des symboles constants. Pour cette raison les premiers sont appelés des symboles fluents, et les derniers sont appelés les symboles fixes ou constants.

Les opérateurs sont définis à partir de l'ensemble des atomes *A* dans **Ls**. Chaque opérateur *op* a une liste de *préconditions*, d'*ajouts* et de *retraits* : *Prec(op), Add(op)* et *Del(op)*, représentées par des ensembles d'atomes. Les opérateurs sont normalement définis au moyen de schémas.

Un problème en STRIPS est défini par un quadruplet *P=< **Ls, Os, Is, Gs**>*, où **Ls** représente le langage (défini par les symboles constants et relationnels.), **Os** est l'ensemble des opérateurs définis à partir des atomes dans **Ls**, **Is** et **Gs** sont des ensembles d'atomes définissant respectivement l'état initial et le but.

3.1.3 Le modèle d'état en STRIPS

Un problème de planification en STRIPS peut être exprimé en terme de modèle d'espace d'état. Un modèle d'espace d'état est un quintuple
$< S, s_0, S_G, A, next>$ où :

1. *S* est un ensemble fini d'états
2. $s_0 \in S$ est l'état initial
3. $S_G \subseteq S$ est un ensemble non-vide d'états buts
4. *A(s)* est l'ensemble des actions *a* applicable à l'état *s* et
5. *next* est une fonction de transition qui mène d'un état *s* à un état successeur $s_a = next(a,s)$ pour chaque action $a \in A(s)$.

Une solution du modèle d'état est une séquence finie des actions applicables $a_0, a_1,...,a_n$ qui mène l'état initial s_0 à l'état but $s \in S_G$.

La séquence d'actions $a_0, a_1,... ; a_n$ doit générer une séquence d'états s_i, i = 0,...,n+1, tel que $s_{i+1} = f(a_i, s_i)$, $a_i \in A(s_i)$, et $s_{n+1} \in S_G$. On dit que deux espaces d'états sont équivalents lorsqu'ils ont les mêmes solutions. Souvent un est intéressé par les solutions qui sont optimales dans un certain sens. e.g. celles qui minimisent le nombre des actions.

Un problème de planification STRIPS *P=< **Ls, Os, Is, Gs**>* peut être projeté dans un modèle d'état *S(P) =< S, s_0, S_G, A, next>* où :

A1. Les états *s* sont des ensembles d'atomes de **Ls**

A2. L'état initial s_0 est **Is**

A3. Les états buts sont les états *s* tels que $Gs \subseteq s$

A4. *A(s)* est un sous-ensemble d'opérateurs *op∈Os* tels que *Prec(op)* ⊆ *s*

A5. La fonction de transition **next** est telle que *next(a,s)=s+Add(a)-Del(a)*, pour *a∈A(s)*.

La solution du problème de planification *P* est la solution du modèle d'état *S(P)* ; à savoir, une séquence des actions applicables qui mène l'état initial à un état final dans *S(P)*.
Pour des extensions de STRIPS comme ceux engageant des effets conditionnels, des modèles d'états légèrement différents sont nécessaires. Cependant, ces différents modèles ont quelque chose en commun : ils sont tous propositionnels dans le sens que la structure interne des atomes peut être ignorée. En particulier des atomes différents peuvent être substituées par des symboles propositionnels, ayant pour résultat les modèles d'état qui sont équivalents.

Passage aux STRIPS fonctionnels (Functional STRIPS).

Pour construire un modèle d'états de *Functional STRIPS*, on va prendre en considération la structure interne des atomes, et par conséquent il sera commode de distinguer deux notions dans le modèle [A1]-[A5] : la notion d'état et la notion de la représentation d'état. On va associer la première avec les interprétations logiques au-dessus du langage d'état et la dernière avec le codage approprié.
Pour le langage STRIPS de base, les états sont facilement représentés par des ensembles d'atomes, mais pour les autres langages, y compris le *Functional STRIPS*, les états sont représentés d'une autre manière. Pour faire la transition de STRIPS à *Functional STRIPS*, on va reformuler le modèle d'états [A1]-[A5] pour avoir une distinction explicite.

3.1.4 <u>Modèle de STRIPS non propositionnels.</u>

Une interprétation *s* est une projection qui assigne une dénotation x^s pour chaque symbole, terme et formule *x* dans le langage. Dans STRIPS les symboles sont constants ou relationnels. Les symboles constants jouent le rôle de *noms des objets*, avec des noms différents se rapportant à des différents objets. Soit un ensemble fini *C* avec des symboles constants *n*, et un domaine fini d'interprétation *D*. De telle sorte que des noms différents dénotent des objets différents(et tous les objets ont des noms). En outre, on considère une classe d'interprétations dans laquelle la dénotation des noms est fixée. Ainsi si on écrit n^* pour se rapporter à la dénotation des noms *n∈C*, on considère seulement les interprétations *s* pour lesquelles $n^s = n^*$ pour tout *n∈C*.
On appelle *« fonction de représentation des constantes »* la fonction de dénotation ∗ : *C → D* qui établit une correspondance 1-à-1 entre noms et objets. Le choix de cette fonction de représentation est arbitraire dans STRIPS, comme tous mènent aux modèles d'états qui sont équivalents (i.e., qui ont la même solution).
La dénotation p^s des symboles relationnels *p* de « arity »[7] *k* est un sous-ensemble de D^k.
Au contraire de la dénotation des symboles constants, la dénotation des symboles relationnels peut être changée par l'application d'actions. Les symboles relationnels sont aussi des symboles fluents, tandis que les symboles constants sont fixes. La distinction entre symboles fluents et symboles fixes est sémantique.

---

[7] Nombre de paramètre qu'une fonction peut avoir.

La dénotation $(p(t))^s$ d'un atome $p(t)$, où p est un symbole relationnel dans P et t est un ensemble de termes de même « arity » que p, est **vraie** si $t^s \in p^s$ et **fausse** autrement.
Dans STRIPS, l'ensemble fini des noms d'objets $n \in C$ sont les seuls termes et par conséquent l'ensemble résultant d'atomes est fini.
Les interprétations s qui résultent d'une *fonction de représentation des constantes* données peuvent être notées par l'ensemble { s } des atomes $p(t)$ vraies.
En prenant en considération la distinction entre s et sa représentation {s}, le modèle [A1]-[A5] associé à un problème en STRIPS $P = < Ls, Os, Is, Gs >$ peut être reformulé comme suit :

B1. Les états $s \in S$ sont les *interprétations logiques* sur le langage Ls , et ils sont représentés par l'ensemble { s } des atomes vrais.

B2. L'état initial s_0 est l'interprétation qui rend les atomes dans Is vrais et tous les autres atomes faux.

B3. Les états buts $s \in S_G$ sont les interprétations qui rendent les atomes dans Gs vrais.

B4. Les actions $a \in A(s)$ sont les opérateurs $op \in Os$ pour lesquels les préconditions sont vraie dans s.

B5. La fonction de transition *next* projette les états s dans les états $s' = next(a,s)$
pour $a \in A(s)$ tel que la représentation de s' est { s' }={ s}+$Add(a)$-$Del(a)$.

C'est simple de montrer que pour chaque problème en STRIPS les modèles d'états   [A1]-[A5] et [B1]-[B5] sont équivalents. Cette équivalence est indépendante de la fonction de représentation des constantes utilisée. Cependant le modèle [B1]-[B5] est plus flexible que le modèle [A1]-[A5] comme il peut être facilement modifié pour servir autres langages.

3.1.5   Recherche de solution

Plusieurs méthodes de recherche de séquence d'opérateurs (Recherche de la solution.) permettant d'aller de l'état initial à un état satisfaisant le but:
   - La recherche dans un *espace d'états* du monde. Le graphe d'états est construit à partir du nœud racine représentant l'état initial. Un nœud a autant de fils que d'actions applicables à l'état qu'il représente. La recherche d'un plan se fait en avant à partir de l'état initial.
   -La recherche dans *un espace de buts*. Le graphe de buts est construit   à partir du nœud but. Tous les fils d'un nœud sont obtenus en remplaçant le but du nœud père par les préconditions d'une action possédant le but père dans sa liste d'ajout. La recherche de plan est effectuée en arrière (régression), à partir de l'état but.
   -La recherche *bidirectionnelle* mixe les deux techniques.
Pour une recherche purement combinatoire, les algorithmes les plus utilisés sont : la recherche en largeur d'abord, la recherche en profondeur d'abord, la recherche à profondeur itérative,… Pour éviter au planificateur d'explorer de manière entièrement combinatoire tous les opérateurs envisageables, des heuristiques peuvent être utilisées. Seuls les opérateurs les

plus sensés (au sens de la fonction heuristique utilisée) sont alors essayés, diminuant la croissance exponentielle de l'effort de recherche.

3.1.6 Complexité de la planification

La planification est essentiellement un problème de recherche dans un graphe. Si l'utilisation d'heuristiques permet de restreindre cet espace de recherche, la complexité du problème est cependant importante, elle dépend des méthodes employées.

- La *recherche en largeur d'abord* produit une solution en un temps $O(b^p)$, elle utilise aussi la mémoire en $O(b^p)$ (b est le facteur de branchement) [8] et p la longueur du plan solution comportant le nombre minimal d'opérateurs).
- La *recherche en profondeur* d'abord utilise linéairement l'espace mémoire. Elle nécessite une profondeur d'arrêt arbitraire [9], si la valeur de cette dernière est plus petite que p, aucun plan ne peut être trouvé, si elle est plus grande, plus d'états que nécessaire sont développés, de plus le plan généré n'est pas forcément minimal[10].
- La *recherche en profondeur itérative* combine les avantages des deux algorithmes précédents en effectuant une série de recherches en profondeur d'abord avec une profondeur Pr=1 puis Pr=2, etc. Cet algorithme génère un plan solution minimal en un temps $O(b^p)$, en utilisant un espace mémoire O(p).

En utilisant des fonctions heuristiques, la complexité (en temps) de ces algorithmes peut passer de $O(b^p)$ à $O(h^p)$ (h est le facteur de branchement heuristique, avec h<b).

Planificateurs actuels basés sur les actions

Dans cette partie nous présentons deux planificateurs récents ayant suscité un grand intérêt dans le domaine de la planification basée sur les actions. Le planificateur GraphPlan développé par Blum et Furst [Blum & Furst, 1997] , et le planificateur HSP proposé par Bonet et Geffner [Bonet et Geffner,1999].

3.2 GraphPlan

GraphPlan [Blum & Furst, 1997] est l'une des plus importantes avancées en matière de planification de ces dernières années. Il est, dans la plupart des cas, plus rapide que ses prédécesseurs. GraphPlan alterne deux phases : L'extension du graphe d'état et l'extraction de solution.

GraphPlan développe un graphe d'état en avant jusqu'à ce qu'une condition nécessaire d'existence de solution soit satisfaite. Ensuite il extrait la solution, si l'extraction échoue et, qu'aucun plan n'est trouvé, alors le cycle se répète en étendant à nouveau le graphe.

---

[8] Le facteur de branchement est la moyenne du nombre d'états accessibles (par l'application d'un opérateur) à partir de tous les états du graphe.

[9] Il est nécessaire dans ce type de recherche de définir à priori une profondeur d'arrêt. Il est souvent possible de générer une infinité d'états en appliquant des actions (opérateurs) à partir d'un seul état, sans trouver forcement un plan solution à partir de cette séquence.

[10] Si un plan solution est déterminé, la recherche s'arrête. Par conséquent, il n'est pas possible de garantir que le nombre d'actions du plan solution est minimal.

GraphPlan utilise une description STRIPS des problèmes dans des mondes déterministes et complètement décrits.

Extension du graphe

Un graphe est composé de deux types de nœud : des nœuds proposition et des nœuds action, rangés dans des niveaux différents. Les niveaux d'indice pair contiennent des nœuds proposition, l'état initial est représenté dans le niveau d'indice 0. Les niveaux d'indice impair sont constitués de nœuds actions, un nœud par action dont les préconditions sont présentes au niveau précédent. Des arcs relient les actions aux propositions préconditions et effets.

Le graphe de planification (figure 2.2) alterne les niveaux de propositions (cercles) et les niveaux actions (carrés). Les traits horizontaux gris représentent les actions de maintien de proposition, ces actions codent la persistance [11] des propositions d'un niveau à l'autre.

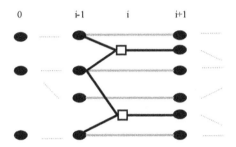

FIG. 2.2 – Graphe de planification GraphPlan

Des actions en *parallèle* sont décrites aux niveaux impairs du graphe. Un graphe à k niveau d'actions peut par conséquent représenter un plan de longueur supérieure à k. Toutefois, si deux actions se trouvent au même niveau, elles ne sont pas forcément applicables en même temps. GraphPlan est basé sur la notion de relation d'exclusion mutuelle (mutex) entre deux actions du même niveau. Deux actions au niveau i sont en mutex si est seulement si :
- *Effets incohérents* : Un effet d'une action est la négation d'un effet de l'autre.
- *Interférences* : Une action annule les préconditions de l'autre.
- *Besoins concurrents* : Les deux actions ont des préconditions en exclusion mutuelle au niveau i-1.
- *Support incohérent* : Deux propositions au niveau i sont en mutex si l'une est la négation de l'autre ou toutes les façons de réaliser ces deux propositions au niveau (i-1) sont deux à deux en mutex.

L'existence d'un plan (l'arrêt de l'extension) requiert au niveau pair courant, que toutes les propositions buts ne soient pas deux à deux en mutex.

Considérons la situation suivante [Weld, 1999] :

---

[11] Elles propagent toutes les propositions.

ETAT INITIAL : *poubelle* ∧ *mainsPropres* ∧ *calme*
BUT : *petitDéjeuner* ∧ *cadeau* ∧ ¬*poubelle*
ACTIONS :
  cuisiner
    prec : mainsPropres
    effet : petitDéjeuner
  emballer
    prec : calme
    effet :cadeau
  viderPoubelle1
    prec : Ø
    effet : ¬*poubelle* ∧ ¬*mainsPropres*
  viderPoubelle2
    prec : Ø
    effet : ¬*poubelle* ∧ ¬*calme*

La situation est que Julien veut faire une surprise à sa mère le jour de la fête des mères. Il veut sortir les poubelles, emballer son cadeau et préparer un bon petit déjeuner. Pour ce faire il dispose de 4 actions : *cuisiner, emballer, viderPoubelle1 et viderPoubelle2*.

L'action Emballer a pour préconditions *calme*, Julien ne doit pas réveiller sa mère pour lui faire une surprise.

La différence entre les deux actions *viderPoubelle1* et *viderPoubelle2* est : l'une sort les poubelles à la main, les salissant, et l'autre utilise une brouette faisant du bruit. Quand julien s'est réveillé très tôt ce matin là, la maison était calme, la poubelle était pleine et il avait les mains propres. La première extension du graphe est représentée dans la figure figure .3. Notons que *viderPoubelle1* est en mutex avec l'action de maintien de *poubelle* (effets incohérents), *viderPoubelle2* et *emballer* sont en mutex (interférences) parce que *viderPoubelle2* élimine *calme*. ¬*calme* est en mutex avec *cadeau* (support incohérent). Tous les littéraux buts (¬*poubelle, petitDejeuner, cadeau*) se trouvent dans le niveau 2. Ils ne sont pas deux à deux en mutex. La phase d'extraction de solution peut donc être lancée.

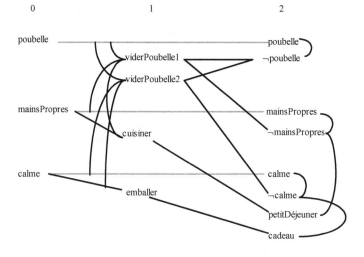

FIG. 2.3 – Extension du graphe au niveau 2
Les arcs représentent les relations de mutex entre actions ou propositions.

Extraction de solution

Supposons que tous les littéraux buts sont au niveau i, et qu'ils ne sont pas en mutex.
Pour chacun des buts courants, une action a de niveau i-1 est choisie séquentiellement réalisant le but considéré. Ce choix est un choix de *backtrack* (retour en arrière) : Si a n'est pas en mutex avec toutes les actions choisies précédemment [12], alors les autres buts sont analysés, sinon une autre action est choisie. Si toutes les actions possibles ne sont pas compatibles (dû aux relations mutex), un *backtrack* est effectué sur le choix des buts précédents .

Le mécanisme précédent détermine l'ensemble d'actions cohérentes, réalisant les buts au niveau i. Ce mécanisme est répété au niveau i-2 avec l'ensemble des préconditions des actions choisies au niveau i-1, jusqu'au niveau 0. Si l'extraction parvient au niveau 0, alors une solution existe, sinon GraphPlan reprend son extension du graphe puis recommence l'extraction.
Dans l'exemple précédent (surprise de Julien), les buts sont : ¬*poubelle* engendré par *viderPoubelle1* et *viderPoubelle2*, *petitDejeuner* est généré par *cuisiner* et *cadeau* par *emballer*.

GraphPlan a deux choix possibles :
{ *cuisiner* , *emballer* , *viderPoubelle1*}
{ *cuisiner* , *emballer* , *viderPoubelle2*}
viderPoubelle1 est en mutex avec *cuisiner* et *viderPoubelle2* est en mutex avec *emballer*, aucun de ces deux plans n'est possible : l'extension est reprise.
Entre le niveau 2 et le niveau 4 (voir Figure 2.4), aucune proposition n'est ajoutée par contre le nombre d'actions en mutex diminue.
    ¬*poubelle* est provoquée par *viderPoubelle1* et *maintien(Poubelle)*
    petitDéjeuner est engendrée par *cuisiner* et *maintien(petitDéjeuner)* et *cadeau* est
    générée par *emballer* et *maintien(cadeau)*
L'extraction de la solution doit analyser douze cas. Plusieurs solutions   sont possibles, développons en une :
    viderPoubelle1 pour ¬*poubelle*
    maintien(petitDéjeuner) pour *petitDéjeuner*
    emballer pour *cadeau*
 Ces actions ne sont pas deux à deux en mutex.

Au niveau 2, les propositions *petitDéjeuner* (précondition de *maintien(petitDéjeuner)*) et *calme* (précondition de *emballer*) doivent être satisfaites. Nous choisissons :*cuisiner* pour *petitDéjeuner* et *maintien(calme)* pour *calme*.

---

[12] Actions réalisant les autres buts

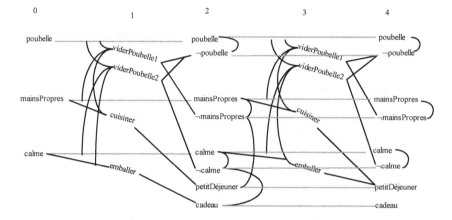

Fig.2.4 Extension du graphe au niveau 4

Ces deux actions ne sont pas en mutex et ont pour préconditions *mainsPropres* et *calme* appartenant au niveau 0. Dans ce cas l'extraction a réussi.

Remarque: GraphPlan détermine des plans non linéaires. Au niveau 3, les deux actions *viderPoubelle1* et *emballer* choisies peuvent être exécutées dans n'importe quel ordre, *viderPoubelle1* puis *emballer* ou *emballer* puis *viderPoubelle1* sont possibles.

3.3 Les descendants de GraphPlan

De nombreux travaux se sont concentrés sur l'optimisation de l'algorithme présenté ci-dessus de GraphPlan. Les algorithmes des CSP (Constraint Satisfaction Problem) sont utilisés avec succès dans l'optimisation de la phase d'extraction. Chaque but (ou sous-but) est représenté par des variables. Les domaines de ces variables sont définis par l'ensemble des actions possibles. Les mutex correspondent aux contraintes. La construction incrémentale du graphe de planification [Smith & Weld, 1998b] constitue une optimisation intéressante de la phase d'extension du graphe. De nombreuses autres techniques d'optimisation existent (Cf. [Weld1999]). GraphPlan est basé sur une représentation STRIPS du monde et des actions. Certains travaux ont étendu le langage de description des actions, en autorisant la quantification universelle [Weld, 1999], les effets conditionnels (langage ADL [koehler & al.,1997]), etc.

Un autre courant de recherche applique GraphPlan dans le cadre de la planification réactive. Ces recherches permettent de relaxer la contrainte de complétude de la description (connaissance) du monde. Le principe utilisé par ces approches est cependant indépendant du choix de la technique de planification [13]. Smith et Weld [Smith & Weld, 1998a] identifient deux approches de base de planification dans un monde incertain :

- La planification des *éventualités* (contingency planning [Weld & al.,1998]) développe des plans conditionnels basés sur des actions capteurs.

---

[13] Il est donc indépendant du GraphPlan.

-La planification *conformant* construit des plans séquentiels simples (sans conditionnelle), applicables dans tous les mondes possibles (quelle que soit la valeur de vérité des connaissances incertaines). Ces plans ne requièrent pas de capteurs.

Considérons les actions de la figure 2.5, dans le domaine médical [Weld & al.,1998]. Le prédicat I signifie : le patient est infecté, H : il est hydraté, D : il est mort. La définition des actions Med_i, i $\in$ [1,4] est une extension des contextes d'application de l'action Med [14]. Les préconditions sont décrites dans le champ *pre* et les effets dans *eff*. Les prédicats négatifs des effets appartiennent à la liste de retrait [15]. Supposons que dans la situation initiale, nous ne savons pas si le patient est infecté. Notre but est de soigner le patient ($\neg$I}) sans le tuer ($\neg$D).

$$\boxed{\begin{array}{ll} Med_1 : pre : (and\ I\quad H) & eff : \neg I \\ Med_2 : pre : (and\ I\quad \neg H) & eff : \neg I \\ Med_3 : pre : (and\ \neg I\quad H) & eff : \varnothing \\ Med_4 : pre : (and\ \neg I\quad \neg H) & eff : D \end{array}}$$

FIG. 5.5 – Actions Med

Le principe utilisé par Weld et Smith dans leurs planificateurs CGP (Conformant GraphPlan) et SGP (Sensory GraphPlan) est de représenter les connaissances inconnues par des interprétations de Kripke de l'opérateur modal *know*.

En fait, pour chaque connaissance C inconnue, deux mondes sont considérés, un monde contenant C et un autre possédant $\neg$C.

Dans l'exemple médical, la situation initiale est représentée par les deux états initiaux {I ; $\neg$D ; H} et {$\neg$I ; $\neg$D ; H}. Le but est {$\neg$I ; $\neg$D}. Ces deux états initiaux sont complets, un planificateur classique peut donc être appliqué dans chaque monde (état). Le résultat de la planification est : (Med_1) pour le premier état, et $\varnothing$ dans le second. Une phase d'analyse de la planification est ensuite réalisée, pour déterminer un plan applicable dans tous les mondes. Dans notre exemple, le plan est (Med), dans le second monde l'action (Med_3) est un plan [16] solution. Par conséquent le plan (Med) est solution dans tous les mondes [17].

Dans cet exemple, une planification conformant est utilisée, aucune action capteur est nécessaire. La phase d'analyse effectue le petit raisonnement suivant : si le patient est infecté alors nous lui donnons un médicament pour le guérir. Dans le cas, où il n'est pas infecté, nous lui donnons quand même le médicament qui n'aura aucun effet sur le patient. Par conséquent, le plan solution est applicable quel que soit l'état du patient ($\neg$I ou I). Dans certain cas, des capteurs sont requis pour établir un plan applicable dans tous les mondes. Des conditionnelles (Si Alors) sont alors utilisées pour tester le résultat de ces capteurs. Par conséquent, l'insertion des actions capteurs et des conditionnelles est effectuée dans la phase d'analyse des plans. Dans la phase de planification, le système a une connaissance complète du monde, ne nécessitant pas l'utilisation d'actions capteurs et de conditionnelles. Les planificateurs CGP [Smith & Weld, 1998b] et SGP [Weld & al., 1998] utilisent GraphPlan pour la planification dans les différents mondes. Le graphe de planification est aussi utilisé dans la phase d'analyse. La modélisation des parties du monde inconnues, par plusieurs

---

[14] La définition de Med avec des effets conditionnels est : Pre: $\varnothing$, effet : (when I $\neg$I), (when $\neg$H D).

[15] Conséquence de l'hypothèse du monde clos.

[16] Qui n'est pas minimal en nombre d'actions.

[17] Car dans tous les mondes une action correspondant à un contexte de (Med) est un plan solution.

mondes complets, permet d'utiliser des planificateurs classiques [18] dans chaque monde. Cependant, la phase d'analyse est complexe. Nous pensons que le principal inconvénient de cette manière de modéliser l'inconnu est la génération de tous les mondes possibles. En effet, même dans des cas assez simples, chaque prédicat inconnu génère deux mondes. Par conséquent, il existe 2^n (n étant le nombre de prédicats inconnus) états initiaux, dans lesquels le processus de planification est appliqué. La résolution (planification) d'un problème particulier peut être indépendante de certaines connaissances incertaines (inconnues). Les états initiaux sont représentés sous l'hypothèse du monde clos [19] entraînant une description et une planification exhaustive des différents mondes. De plus, les actions de perception (capteurs) et les conditionnelles ne sont pas planifiées, elles sont ajoutées dans la phase d'analyse des plans.

3.4 Les planificateurs heuristiques

L'approche de planification par recherche d'heuristique proposée par Geffner [Bonet & Geffner, 1999- Bonet & Geffner, 2000] est plus souple et plus générale que GraphPlan. La recherche du plan solution est une recherche guidée par une heuristique dans un espace d'états ou de buts. L'originalité de cette approche est : l'heuristique est calculée en fonction du but, indépendamment du domaine de planification. Le processus de planification construit un graphe de planification, permettant de calculer une heuristique, qui réduit l'espace de recherche.

Geffner a montré dans [Bonet & Geffner, 2000] qu'il est possible de définir le mécanisme de planification de GraphPlan comme une stratégie de recherche d'heuristique particulière. En effet, la phase d'extension du graphe correspond à la phase de construction du graphe de planification permettant le calcul de l'heuristique. L'extraction de la solution est une recherche, guidée par l'heuristique déterminée dans la phase d'extension, dans un espace de buts. Nous pensons que les planificateurs HSP (Heursitic Search Planner) et HSPr (Heursitic Search Planner régression) sont plus faciles à manipuler pour planifier des structures de contrôle que GraphPlan.

3.4.1 <u>Heuristic search planner HSP</u>

HSP est un planificateur qui cherche une heuristique réduisant son espace de recherche. Il effectue sa recherche dans un espace d'états ou de buts, en utilisant l'heuristique déterminée auparavant. L'heuristique n'est pas particulière au domaine, elle est extraite à partir de celui-ci.

La fonction heuristique h d'un problème P est obtenue en considérant un problème relaxé P', dont les listes de retrait des actions sont ignorées. $h(s)$ représente la distance entre le but et l'état s. Elle correspond au nombre d'actions à appliquer pour atteindre le but à partir de l'état s. Cette distance est obtenue en ajoutant les distances $g(p)$ de tous les prédicats p constituant l'état s. La fonction $g(p)$ est calculée de la manière suivante :

Pour un état origine donné o, pour tout atome p, $g(p)$ est une valeur approchée du coût (nombre d'actions à appliquer) pour atteindre p à partir de o. Ces coûts sont initialisés à 0 si $p \in o$, sinon à $+\infty$ Pour tout opérateur op, dont les préconditions $C = prec(op)$ sont contenues dans o, les atomes p appartenant à la liste d'ajout de op sont ajoutés à o, leur coût

---

[18] La planification classique est le domaine de la planification le plus étudié.
[19] L'hypothèse du monde clos suppose que tous les prédicats qui ne sont pas présents dans la description du monde sont considérés faux.

est mis à jour par la fonction : $g(p) = min[g(p) , 1 + g(C)]$ où $g(C)$ représente le coût pour atteindre la conjonction d'atomes C. L'extension s'arrête quand il n'y a plus de mise à jour.
Pour HSP,
le coût $g(C)$ pour une conjonction d'atomes est $g(C) = \sum_{r \in C} g(r)$.
La fonction heuristique $h(o)$ à l'arrêt de l'extension, représente l'estimation du nombre de pas pour atteindre le but G à partir de o, par conséquent : $h(o) = g(G)$.
Dans HSP, le calcul de h dépend de o. La recherche du plan solution s'effectue en chaînage avant, l'opération est donc répétée pour chaque nœud [20].
Le problème de HSP est le calcul de l'heuristique pour chaque nouveau nœud. Ces calculs peuvent prendre jusqu'à 85% du temps de calcul du plan solution. Pour calculer une seule fois l'heuristique, HSPr change la direction de la recherche.

3.4.2   Heuristic regression search planner HSPr

HSPr effectue une recherche dans un espace de buts (du but vers l'état initial). Dans ce cas chaque coût $g(p)$ calculé à partir de e_0 (Etat initial) estime le coût pour atteindre p à partir de e_0. Ce coût est utilisé par tous les nœuds (buts) calculés en chaînage arrière. L'heuristique est par conséquent calculée qu'une seule fois à partir de l'état initial, rendant HSPr beaucoup plus performant que HSP.
Pour une recherche de solution en *régression* (Chaînage arrière). La recherche s'effectue à partir de l'état but vers l'état initial. Un opérateur *op* est applicable à un but b si :
$ajout(op) \cap b \neq \emptyset$ et $retrait(op) \cap b = \emptyset$,
l'état résultant e' de l'application de *op* est obtenu par
$b' = (b \cup prec(op)) - ajout(op)$

HSPr utilise (comme GRAPHPLAN) des relations d'exclusion mutuelle entre propositions. Ces mutex permettent d'identifier des états inaccessibles (incohérents) par les actions décrites. Par conséquent, ces états ne sont pas développés [21]. HSPr effectue une recherche en régression, par conséquent, il peut générer des états contenant des propositions en mutex, qu'il est inutile de développer.

3.5 Functional STRIPS (les STRIPS fonctionnelles)

Le langage de *functional STRIPS* [Geffner 1999, Geffner 2000] diffère de *STRIPS* dans deux aspects majeurs : Les symboles fonctionnels sont permis et ils peuvent être fluents. Il y a un peu de changements mais les conséquences sont importantes pour la modélisation et la résolution du problème.

3.5.1   Motivation.

Considérons le problème du tour de Hanoi. C'est un problème standard en IA qui demande qu'un nombre de disques de tailles différentes doivent être déplacé d'une cheville à une autre. Seules les disques à la surface de la cheville peuvent être déplacés et ne peuvent jamais être placés au-dessus d'un disque de taille inférieure.
La formulation de ce problème en STRIPS exige des relations comme *on(i , j)*, *clear(i)*, *smaller(i , j)*, et des actions comme *move(i , j ,k)*. Si le nombre de disques est N , ceci

---

[20] Définissant la nouvelle origine.
[21] Les mutex peuvent donc être considérés comme une heuristique.

implique que l'ordre des *ground actions*[22] est de N^3 . Pour N=10, implique 1000 *ground actions* nécessaires. Ces *ground actions* peuvent être décrites facilement au moyen de schémas ou quantification, pourtant la plupart des planificateurs modernes y compris Graphplan, SAT et heuristic planners exige la substitution des schémas par leurs instances de base. Ceci pose un problème de calcul si le nombre N est grand. Le nombre d'actions qui sont toujours applicable dans un état est donné par le nombre de chevilles et le nombre de disques. En particulier avec 3 chevilles, il n'y a que trois *ground actions* qui sont applicables dans n'importe quel état. La formulation complète du tour de Hanoi en *Functional STRIPS* est la suivante :

Le problème posé par un grand nombre d'instances de base, dans la formulation en STRIPS est une conséquence de nécessité de référencer les objets par des noms uniques. En effet, si des symboles de fonction sont permis et des variables sont utilisées pour nommer des objets, ce problème peut être évité. *Functional STRIPS* est basé sur cette idée et remplace les fluents relationnels dans STRIPS par des fluents fonctionnels. Donnés par des termes fluents comme *top*(p_i) et *top*(p_j) représentant les disques de plus haut niveau dans la cheville p_i et p_j, les effets de l'action *move*(p_i, p_j) peuvent être représentés comme affectant les disques *top*(p_i) et *top*(p_j) directement, sans avoir besoin d'appeler les noms explicites de ces disques.

Une formulation complète des tours de Hanoi en *Functional STRIPS* est représentée dans la figure 3.2.
Le changement le plus crucial de STRIPS est l'utilisation de post conditions de la forme :
f(t) :=w
Pour des termes f(t) et w, à la place des listes d'ajouts et de retraits. Une post condition de cette forme indique que dans l'état s_a=*next(a , s)* qui est le résultat d'application de l'action a dans l'état s, la dénotation f^{sa} du fluent f doit devenir telle que l'équation
$$f^{sa}(t^s)=w^s$$
où, t^s et w^s se rapportent aux dénotations de t et w dans l'état s.

Domaines :	*Cheville* : p_1,p_2,p_3 ; les chevilles	
	Disque : d_1,d_2,d_3,d_4 ; les disques	
	Disque* : Disque,d_0 ; les disques et un disque bidouille pour le fond.	
Fluents :	*top* : *cheville→Disque** ; dénote le disque le plus haut dans la cheville.	
	loc : *Disque→Disque** ; dénote les disques sous le disque donné.	
	taille : *Disque*→Integer* ; représente la taille du disque.	
Prec :	$top(p_i) \neq d_0$, $taille(top(p_i)) < taille(top(p_j))$	
Post :	$top(p_i) := loc(top(p_i))$; $loc(top(p_i)) := top(p_j)$; $top(p_j) = top(p_i)$	
Init :	$loc(d_1)=d_0$, $loc(d_2)=d_1$, $loc(d_3)=d_2$, $loc(d_4)=d_3$,	
	$top(p_1)=d_4$, $top(p_2)=d_0$, $top(p_3)=d_0$,	
	$taille(d_0)=4$, $taille(d_1)=3$, $taille(d_2)=2$, $taille(d_3)=1$, $taille(d_4)=0$	
But :	$loc(d_1)=d_0$, $loc(d_2)=d_1$, $loc(d_3)=d_2$, $loc(d_4)=d_3$, $top(p_3)=d_4$	

Fig.3.2 Formulation de 3 tours de Hanoi en *Functional STRIPS*

---

[22] Les actions qui peuvent être appliqués sur les objets du domaines.

La formulation dans la figure 3.1 utilise la fonction $loc(d_k)$ pour dénoter le disque au dessous de d_k et $taille(d_k)$ pour indiquer la taille du disque d_k.

Une post condition de l'action $move(p_i , p_j)$ comme $loc(top(p_i)) := top(p_j)$ signifie donc que l'action fait $loc(d_k) = d_l$ vraie lorsque $d_k = top(p_i)$ et $d_l = top(p_j)$ sont toutes les deux vraies.

Notons que le nombre des *ground actions* dépend du nombre des chevilles et non pas du nombre de disques.

3.5.2 Le langage functional STRIPS

Le langage d'état dans *Functional STRIPS* (Fstrips) est un langage du premier ordre, utilisant les symboles constants, les symboles relationnels et fonctionnels mais pas de symboles de variables.

Les symboles fluents sont codés comme des symboles fonctionnels. Ceci garanti que toute représentation en STRIPS peut être traduite en Fstrips. Par exemple, les atomes dans le « blocks-world » représentés comme $on(a , b)$ peuvent être encodés plus facilement dans *Functional Strips* par $loc(a)=b$, où loc est un symbole fonctionnel qui indique explicitement que les bloques sont dans un endroit unique.

Comme avant, on appelle les symboles non fluents dans le langage, les symboles fixes. Ils incluent tous les symboles constants et relationnels, de même que les symboles fonctionnels qui ne sont pas fluents. Comme dans STRIPS on suppose que la dénotation x^* des symboles fixes x est décrite par une fonction de représentation et considérant seulement les interprétations s pour lesquelles $x^s = x^*$. Parmi les symboles fixes, on a un ensemble fini C des noms des objets utilisés pour désigner des objets, des constantes, des symboles relationnels et fonctionnels comme '3' , '+' , '=' qui ont une représentation standard.

Pour que la représentation des états soit compacte et finie, le langage *Functional STRIPS* est un langage typé. La formulation de Hanoi , par exemple utilise les types *Cheville, Disque, Disque**.

3.5.3 Le modèle d'état en *Functional STRIPS.*

Un problème de planification en *Functional STRIPS* est un quadruplet $P=< L_F, O_F, I_F, G_F>$ où L_F est le langage, O_F les opérateurs, I_F et G_F sont des formules se tenant pour les situations initiale et finale. Le langage L_F est défini en déclarant les fluents et leurs domaines, tandis que les opérateurs sont définis au moyen de schémas appropriés. En plus, une fonction de représentation '*' qui projette les symboles fixes dans leurs dénotations est supportée. La fonction de représentation des symboles standards comme '=', '+', 3 etc... est supposé être fourni par le langage de programmation, tant que la fonction de représentation des noms des objets associe des noms différents pour des objets différents.

Les formules I_F définissant l'état initial doivent définir un état unique qui soit facile à calculer. Pour cette raison, on suppose que les formules dans I_F de la forme spéciale $f(t)=w$, où : f est un symbole fluent, t et w sont des termes fixes. L'état initial s_0 est alors tel que : $f_{s0}(t^*)=w^*$.

Tous les ingrédients sont en place pour définir le modèle d'état avec un problème $P=< L_F, O_F, I_F, G_F>$ en *functional STRIPS*. Le modèle d'état est tel que ;

C1. les états $s \in S$ sont les *interprétations logiques* au-dessus du langage L_F, et ils sont représentés en assignant une valeur $f_s[v]$ à chaque variable d'état $f[v]$ pour chaque fluent f et valeur v dans D_f.

C2. L'état initial s_0 satisfait l'équation $f(t)=w$ dans I_F.

C3. Les états buts $s \in S_G$ sont les interprétations qui satisfont la formule de but G_F.

C4. Les actions $a \in A(s)$ sont les opérateurs $op \in O_F$ pour lesquels les préconditions sont vraie dans s.

C5. La représentation de l'état suivant $s_a = next(a,s)$ pour $a \in A(s)$ est telle que pour le symbole fluent f et $v \in D_f$

$$f_{sa}[v]= \begin{cases} w_s \text{ si } f(t) := w \text{ dans } Post(a) \text{ et } v = t^s \\ f_s[v] \text{ autrement (persistance).} \end{cases}$$

Voilà un exemple pour illustrer le langage :
La logistique « Logistics » est une référence plus récente dans la planification qui traite le transport des paquets. Les paquets sont transportés dans des camions à différents endroits dans une même ville (y compris l'aéroport) et par des avions entre les aéroports des villes. Dans la formulation de Strips on a besoin des schémas pour des actions comme :
  load(*pkg, transpt, loc*)
  unload(*pkg, transpt, loc*)
  drive-truck(*truck, loc1, loc2*)
  fly-plane(*plane, loc1, loc2*)
Où *transpt* réfère camions et avions.

Dans *Functional STRIPS* , la présence des fluents fonctionnels tient compte d'une représentation plus concise dans laquelle le nombre d'arguments des actions peut être réduit.(e.g. **unload** demande l'argument *pkg* seulement). Ce codage est illustré dans la figure 3.3.
La fonction *city* est définie comme fluent quoiqu'il soit fixé dans la situation initiale et ne change pas. Une extension nous permettrait de déclarer des symboles comme des paramètres plutôt que des fluents.(actuellement une telle extension est supportée dans PDDL [McDermott, 1998b]).
On se sert également de type des prédicats comme *airport?*(*t*) pour tester si *t* dénote un objet de type *Airport* (Aéroport).

Domains :	pkg	$:o_1, ..., o_{10}$
	Truck	$:t_1, ..., t_4$
	$Plane$	$:p_1, ..., p_3$
	City	$:bos, pgh, lax,...$
	$Airpt$	$:abos, pgh, alax, ...$
	$Loctn$	$:bos_1, bos_2, pgh_1, lax_1,...$
	$Site$	$:Airpt, Loctn;\ Transp :Truck,Plane$
	$Thing$	$:Transp, Pkg;\ Loc\quad :Transp, Site$

Fluents :	loc	$:Thing{\rightarrow}Loc$
	$City$	$:Site{\rightarrow}City$

Action	:	**load**$(pkg:Pkg, target:Transp)$
Prec	:	$loc(pkg)=loc(target)$
Post	:	$loc(pkg):=target$

Action	:	**unload**$(pkg:Pkg)$
Prec	:	$transp?(loc(pkg))$
Post	:	$loc(pkg):=target$

Action	:	**drive-truck**$(t:Truck, dest:Site)$
Prec	:	$city(loc(t))=city(dest)$
Post	:	$loc(t):=dest$

Action	:	**fly-plane**$(pt:Plane, dest:Airprt)$
Prec	:	$airport?(loc(p))$
Post	:	$loc(p):=dest$

Init	:	$city(abos)=bos, city(bos_1)=bos,...$
		$loc(t_1)=abos, loc(t_2)=apgh, loc(t_3)=lax1, loc(p_1)=abos, loc(p_2)=alax,...$
		$loc(o_1)=bos1, loc(o_2)=bos_2, loc(o_3)=pgh_1$

Goal	:	$loc(o_1)=pgh, loc(o_2)=pgh, loc(o_3)=alax,...$

Fig.3.3 Formulation de « logistics » en *Functional STRIPS* .

3.6 Object-STRIPS

Le langage Object-Strips [Camilleri, 2000] est une version objet du langage *Functional STRIPS* [Geffner, 2000], permettant la représentation de méta-tâches . Notons que ce langage est proposé pour pouvoir planifier des structures de contrôles complexes. Cette approche de planification requiert des primitives de description du monde particulières. Ces primitives sont définies en fonction des structures de contrôle et de la manière dont elles sont planifiées. Les actions sont décrites dans le paradigme Tâche/méthode. De plus le paradigme étend la représentation des actions de STRIPS.

3.6.1 Motivation.

Une formulation en STRIPS utilise souvent dans les préconditions et les effets, des variables permettant de nommer les propriétés manipulées par les actions. Dans l'exemple du Rocket World (figure 2.1), l'action *move* à pour précondition *at(v1 , c)* signifiant que le camion *c* se trouve dans la ville *v1*. Cette précondition est utilisée pour identifier au travers de la variable *v1* la position du camion. Du fait de son existence, un objet camion se trouve toujours à une position donnée. Cette variable est employée dans la liste de retrait. Dans la figure 3.5, les trois actions du Rocket World sont décrites en Object-STRIPS. L'action *move* dans Object-STRIPS n'utilise pas de variable pour nommer la position du camion. Cette propriété de l'objet camion est directement accessible à partir de celui-ci au travers de méthodes[23] (*getPos()* et *setPos()*).

---
move(*Camion c , Ville v*)
Prec :
Effet : *c.setPos(v)*

load(*Camion c , Cargaison ca*)
Prec : *c.getPos()=ca.getPos()*
Effet : *ca.setPos(c)*

unload(*Camion c*)
Prec : *c.hasCargaison()=true*
Effet : *(c.getCargaison()).setPos(c.getPos())*

Fig. 3.5 Actions du Rocket World en Object-Strips.

L'utilisation des méthodes pour accéder aux propriétés des objets a plusieurs avantages :
1. Les préconditions représentent réellement des conditions à satisfaire, elles ne sont pas employées pour identifier des propriétés. Cette caractéristique rend les modèles beaucoup plus lisibles. En effet, en STRIPS (figure 2.1), la précondition *at(c ,v1)* n'est pas une vraie précondition, elle pollue la définition de l'action.
2. Le changement d'état d'un objet ou le changement de valeur d'une propriété de l'objet s'effectue au travers de méthodes. Par conséquent, la liste d'ajout et de retrait des effets n'est plus nécessaire. En effet, les propriétés sont manipulées dans les méthodes à l'aide

---
[23] Le terme méthode désigne les méthodes d'une classe. Une classe est une définition intensionnelle d'un ensemble d'objets. Ces concepts sont des notions de base des modèles (langages) objets.

des primitives[24] du langage objet utilisé. Par exemple, la liste d'ajout *at(v2 , c)* et la liste de retrait *at(v1 ,c)* (figure 2.1) sont remplacées par l'appel de la méthode *c.setPos(v)* (figure 3.5), effectuant les changements du monde décrits par la liste de retrait et d'ajout.
3. L'utilisation de modèle objet pour décrire le monde évite une traduction de cet état dans un langage prédicatif à la STRIPS utilisé par les planificateurs. De plus, l'instanciation des actions peut utiliser les caractéristiques objet du langage cible (liaison dynamique etc.) et les méthodes connues de modélisation objet
4. Cette représentation comme *Functional*-STRIPS diminue le nombre de *ground actions* , ce qui augmente la performance en temps de calcul de planification.

3.6.2 Le langage Object-STRIPS

Le langage Object-STRIPS diffère de STRIPS par les deux points suivants:
- Les fonctions (méthodes) sont permises pour décrire les préconditions, conditions d'applicabilité, effets
- La description des états du monde est représentée par une collection d'objets[25].

Définition du langage

En Object-STRIPS, les états du monde sont représentés par des collections d'objets. Les préconditions, effets et les tâches sont décrites dans un langage L_C. Le langage L_C est un langage classique du premier ordre défini à partir du modèle de classes C. Tous les termes fonctions de L_C représentent des méthodes du modèle. Les constantes et les variables représentent les objets du modèle C. Les prédicats de comparaison de paramètres[26] sont les seuls prédicats utilisés.

Définition 1
Un problème en Object-STRIPS est défini par le quintuple $<L_C ,O_C ,T_C ,I_C ,G_C >$. L'ensemble O_C est l'ensemble de toutes les collections de termes objets de L_C instanciables dans le modèle C. T_C est l'ensemble de toutes les tâches (ou opérateurs) définies dans C. L'état initial est représenté par la collection de termes objet I_C. G_C est l'ensemble des termes fonctions décrivant les propriétés satisfaites par les états *buts*.

Propriété 1 $I_C \in O_C$.

Propriété 2 T_C est un ensemble d'objets de C.
Cette propriété est très importante. Toute tâche (élément de T_C) est un objet du modèle de classe C. Par conséquent une instance d'une tâche peut faire partie de I_C ou être utilisée dans G_C. Cette caractéristique permet de décrire des modèles objets contenant des méta-tâches.

Propriété 3 $T_C \in O_C$.
Un problème en Object-STRIPS peut être aussi exprimé en terme de modèle d'espace d'états[27].

---

[24] Pour le changement de valeur, les langages objets utilisent généralement l'affectation.
[25] Ce qui différencie Object-STRIPS de *Functionnal-STRIPS* [Geffner, 2000]
[26] Comme l'égalité '=', supérieur '<' …
[27] Geffner dans [Geffner, 2000] expose un modèle d'espace d'états pour le formalisme STRIPS et Functional-STRIPS

Définition 2
Un *modèle d'états* est un quintuple $< S, s_0, S_G, A, next>$, où :
1. S un ensemble fini d'états.
2. $s_0 \in S$ est l'état initial.
3. $S_G \subseteq S$ est un ensemble non vide d'états buts.
4. $A(s)$ est l'ensemble des tâches t applicable à l'état s et
5. *next* est une fonction de transition qui mène d'un état s à un état successeur $s_i = next(a,s)$ pour chaque tâche $t \in A(s)$.

Une solution d'un modèle d'espace d'état est une séquence finie de tâches applicables $t_0, t_1, t_2, \ldots, t_n$ transformant l'état initial s_0 en un état final $s \in S_G$. La séquence de tâches applicables $t_0, t_1, t_2, \ldots, t_n$ génère une séquence d'états s_i avec $i = 0, \ldots, n+1$, tel que $s_{i+1} = next(t_i, s_i)$, quel que soit $t_i \in A(s)$ et $s_{n+1} \in S_G$.
Un problème en Object-STRIPS s'exprime dans un modèle d'espaces d'états de la manière suivante :

Définition 3
Un problème en Object-STRIPS $P = <L_C, O_C, T_C, I_C, G_C>$ est décrit par le modèle d'espaces d'états $S(P) = <S, s_0, S_G, A, next>$, tel que:
1. $S = O_C$.
2. L'état initial $s_0 = I_C$.
3. Les états buts s sont des états tel que $\vdash_s G_C = true$.
4. $A(s)$ est le sous ensemble de tâches (opérateurs) $op \in T_C$ tel que $\vdash_s$ **Prec**(op)=true.
5. La fonction de transition $next(t,s)$ applique les effets (exécute les méthodes effets) de t.

Une solution au problème de planification P est une solution du modèle d'états $S(P)$, c'est à dire une séquence d'actions applicables transformant l'état initial en état but dans $S(P)$. Cette formulation du problème est toujours valable pour la panification des structures de contrôle, car elles sont représentées par des méta-tâches.

3.6.3 Description des tâches en Object-STRIPS .

Dans la figure 3.5, la forme générale des descriptions de tâches en Object-STRIPS est présentée.

$T(\ldots, a_i, \ldots)$
Prec
$\quad a_i.M_j(\ldots)$
$\quad \ldots$
effets $\ldots$
$\quad a_i.SetM_k(f(\ldots))$
$\quad \ldots$

Fig.3.5- Forme générale d'une tâche en Object-Strips

Seul les champs des tâches utilisés par la planification sont indiqués dans la description. Les préconditions *prec* décrivent l'état des objets permettant l'exécution de la tâche. Elles spécifient donc les valeurs de certaines propriétés des objets manipulés. Les préconditions sont des termes proposition[28] du langage L_C. Les effets (champ *effets*) représentent les changements des propriétés des objets provoqués par la réalisation de la tâche. Les méthodes $SetX(v)$ remplacent l'ancienne valeur de la propriété M par la valeur indiquée en argument v. Elles effectuent donc une affectation. Les valeurs v sont dans Object-STRIPS représentées par des fonctions f, déterminant la nouvelle valeur[29]. En Object-STRIPS les tâches permettent donc de modifier les propriétés des objets en paramètres. Les caractéristiques proposées précédemment sont suffisantes pour effectuer une recherche de plan en avant (chaînage avant). Cependant, une recherche en arrière (par régression ou, chaînage arrière) impose des restrictions sur le choix des fonctions f. Lorsqu'un but (propriété d'un objet o) est remplacé par les préconditions d'une tâche, les propriétés de l'objet o doivent correspondre aux propriétés avant l'application de la tâche, aux anciennes valeurs. Les anciennes valeurs des propriétés doivent être calculées à partir des nouvelles (valeurs du but). Pour toutes fonctions f, une fonction f^{-1} doit exister. La fonction f doit donc vérifier la propriété suivante

Propriété 4 Les fonctions f sont des fonctions bijectives.

Les propriétés des objets, avant l'application d'une tâche, à partir d'un but sont calculées par la formule suivante :

$a_i.setM_k(f^{-1}(\text{valeurs du but}))$

Dans une recherche en arrière, toute tâche ayant pour effet $a_i.setM_k(f(...))$ peut remplacer tout but de la forme $a_i.setM_k()=v$.

Opérateur utilisé par la planification de la structure de contrôle conditionnelle (Si Alors)

Le langage Object-STRIPS est conçu pour planifier des structures de contrôle. La séquence ne requiert pas d'opérateur particulier. Par contre, la planification de la structure de contrôle conditionnelle (Si Alors) utilise l'opérateur *availableOnly*. L'opérateur *knowif* est défini par :

Définition 4 $knowif(a, p)=bel(a, p) \lor bel(a, \neg p)$ [30]

Un agent a connaît la valeur de vérité de p ($knowif(a, p)$), s'il croit en p ou en $\neg p$. Cohen et Levesque dans [Cohen & Levesque, 1990] et Allen [Allen & Perrault, 1980] utilisent la définition suivante de *knowif* : $knowif(a, p)=(p \land bel(a, p)) \lor (\neg p \land bel(a, \neg p))$. Cette définition emploie les connaissances p et $\neg p$. Ces connaissances sont des connaissances extérieures à l'agent a. Un agent a connaît la valeur de vérité de p, si p est vrai et qu'il croit en p ou, si p est faux et qu'il croit en $\neg p$. Par conséquent, cette définition n'est pas réaliste, car personne ne peut être complètement certain de la valeur de vérité d'une proposition p. De plus, l'opérateur *knowif*[31] décrit seulement des croyances de l'agent a.

Propriété 5 $bel(a, p) \supset knowif(a, p)$

Si un agent a croit en p alors il connaît la valeur de vérité p.

---

[28] Ce type de termes dénote les éléments du domaine {true; false}.

[29] Souvent en fonction de l'ancienne.

[30] *bel=believe*

[31] Le *knowif* en question utilise uniquement des croyances (opérateur *bel*). Par conséquent, *belif* serait une dénomination de ce point de vue plus correct.

Pendant le processus de planification, le résultat des tâches n'est généralement pas connu [32].
Pour planifier, un agent suppose qu'il pourra avoir "le résultat des tâches considérées", mais il
ne connaît pas la valeur de ces résultats. Ce type de croyances des agents planifiant est très
important, parce qu'il est très employé dans le raisonnement de planification humain.
L'opérateur modal *availableOnly* permet de modéliser ce type de croyances.

Définition 5 *availableOnly*(a, p)=*bel*$(a, knowif(a, p)) \wedge \neg bel(a, p) \wedge$
$\neg bel(a, \neg p)$=*bel*$(a, bel(a, p) \vee bel(a, \neg p)) \wedge \neg bel(a, p) \wedge \neg bel(a, \neg p)$
Un agent a croit qu'il connaît la valeur de vérité de p sans croire en p et en $\neg p$ (*knowif*(a, p)).
Propriété 6 *bel*$(a, p) \supset \neg availableOnly(a, p)$

Propriété 7 *availableOnly*$(a, p) \supset \neg bel(a, p)$
Les propriétés 6 et 7 sont équivalentes. Si dans un état (collection d'objets, croyances d'un
agent a), une propriété p est vraie, alors elle ne peut pas être dans le scope d'un
availableOnly (propriété 6). Si une propriété p d'un objet est sous l'opérateur *availableOnly*,
alors elle n'est pas présente dans l'état (propriété 7). La planification est effectuée du point de
vue de l'agent exécutant le processus de planification. Par conséquent, tous les états du
monde (élément de O_C) sont des états mentaux (croyances) de l'agent considéré.

3.7 Recherches parallèles sur les planificateurs objets.

La planification dans un monde d'objets devient de plus en plus un sujet de recherche. Ceci
grâce à l'efficacité des objets, pour la représentation du monde réel. En outre, pour avoir des
planificateurs capables de suivre l'évolution des langages de programmation et de
modélisation.

3.7.1 Le langage OCL.

Le langage OCL « Object Centred Language » [McCluskey & Porteous 1997], vise à être un
langage de haut niveau, pour la modélisation des domaines de planifications. La distinction
principale avec le langage STRIPS est que les modèles sont structurés sous forme d'objets, au
lieu d'une représentation littérale.
Avec OCL le monde est représenté sous forme d'objets. Chacun de ces objets se trouve dans
un état bien défini (appelé sous-état), ces sous-états sont caractérisés par des prédicats. Un
opérateur peut porter les changements des objets dans le domaine du problème. L'application
d'un opérateur va déplacer certains objets du domaine d'un sous-état à un autre. En outre la
description des opérateurs du domaine, OCL fournit des informations sur les objets :
L'hiérarchie de la classe de l'objet et les états permis (que l'objet peut occuper).
La modélisation d'un domaine avec OCL cherche à construire :
-    un modèle du domaine en terme d'objets,
-    une hiérarchie de « sorte-de »,
-    des définitions de prédicats,
-    des expressions de classes de sous-états,
-    des invariants et des opérateurs.
Les prédicats et les objets sont considérés comme dynamiques ou statiques selon le cas
approprié. Les prédicats dynamiques sont ceux qui peuvent avoir une valeur de vérité
changeable au moment de l'exécution du plan, chacun des objets dynamiques (groupés dans

---

[32] Il est déterminé à l'exécution.

des sortes-de dynamiques) est associé avec un état changeable. Chaque objet appartient à une sorte-de unique *s*, où tous les membres de *s* se comportent de la même manière lors de l'application d'un opérateur.

Un objet dans un monde de planification OCL est spécifié par un triplet (*i, s, ss*), où : *i* est l'identificateur de l'objet, *s* est le sorte-de primitive de l'objet et *ss* est son sous-état.

Les objets et les « sortes-de ».

Les objets dynamiques et statiques sont spécifiés dans le modèle pour présenter les caractéristiques du domaine. Tous les objets appartiennent à une sorte-de primitive unique, et toutes les sortes-de sont rangées dans une hiérarchie stricte de sortes-de, avec des sortes-de primitives au niveau plus bas.

Par exemple une partie de la hiérarchie de sortes-de primitives dynamiques (se sont des sortes-de qui contiennent des objets dynamiques).

sorts(physical_obj, [vehicle, package, crane, plane_ramp])
sorts(vehicle,(land_carrier, airplane, train])
sorts(land_carrier, [mail, flatbed, regular, tanker, hopper, livestock, auto])
sorts(package, [valuable, hazardous, perishable, normal])
objects(valuable, [pkg-1, pkg-2, pkg-3])
objects(tanker, [truck-1,truck-2])

Prédicats et sous-états.

Tous les objets dynamiques dans un état du monde ont un 'état local' appelé sous-état.
Ex : Un « package » chère doit avoir son sous-état représenté comme la conjonction:
[at(pkg-1, city-1), uncertified(pkg-1), is_not_insured(pkg-1)]

Si aucune instance d'un prédicat *p* n'a une valeur de vérité modifiable dans le domaine ; on dit que ce prédicat est statique. On suppose que les valeurs de vérités des prédicats statiques sont décrites dans le modèle. Si un prédicat n'est pas statique donc il est dynamique.

L'ensemble de sous-états valides qu'un objet peut occuper est spécifié dans des groupes appelés « *expressions de classe de sous-état* » écrits en terme de prédicats.
Ex :
substate_classes(physical_obj, [[at(O, L)]]) // un objet physique O doit avoir un lieu L.
substate_classes(vehicle, [[fuel_level(V, F)]]) // un véhicule à un niveau d'essence.
substate_classes(tanker, [[movable(T), available(T)], [movable(T), busy(T, P)],
*   [valve_open(T),busy(T, P)], [hose_connected(T),busy(T, P)]])*
substate_classes(package, [[uncertified(P)], [certified(P)], [lifted_up(P, C), certified(P)],
*   [loaded(P, V), certified(P)], [delivered(P)],])*
substate_classes(valuable, [[is_not_insured(P)], [is_insured(P)])

Les transitions des sous-états.

Les objets subissent une transition comme une conséquence des actions. Par exemple un package assuré doit passer par la transition suivante :
[at(pkg-1,city1), uncertified(pkg-1), is_not_insured(pkg-1)] $\Rightarrow$
*   [at(pkg-1,city1), uncertified(pkg-1), insured(pkg-1)]*

Les Opérateurs.

Les opérateurs encapsulent les transitions des sous-états que les objets typiques peuvent avoir. Ils ont trois composants :
1- Les conditions régnées « prevail » qui ont les prédicats qui doivent être vrais durant l'exécution des opérateurs.
2- Un ensemble de spécifications de transition d'états nécessaires : les objets à trouver doivent avoir les sous-états convient à leur pg 'partie gauche' (pg⇒pd) pour l'opérateur à appliquer. Puis l'opérateur change un objet qui a un sous-état convenable à son S, à un sous-état unique T, pour toutes les transitions S⇒T spécifiées.
3- La troisième composante contient des effets conditionnels, et spécifie les changements de sous-état des objets ; si leur sous-état a été produit pour satisfaire certaines conditions.

Ex :
Operator(pick_up_heavy_package(P,Crane,L),
%prevail:
[[at(Crane, L),is_of_sort(Crane, crane)]],
%necessary changes:
[[at(P, L), certified(P)] ⇒ [lifted_up(P,Crane), certified(P)]],
[[idle(Crane)] ⇒ [lifting(Crane,P)]]],
%conditional changes:
[])

Cet exemple montre comment un opérateur encapsule les changements hiérarchiques du sous-état.

Les invariants.

Les invariants contiennent les faits atomiques (qui donnent la structure statique à un modèle), les règles et les contraintes d'incohérence.
Ex :
[loaded(P, V)]implies[at(V,L),at(P,L)]
inconsistent([certified(P),not_insured(P)])

Dans cet exemple la première règle spécifie que si un véhicule et un package se trouvent sur le même lieu, le package sera chargé dans le véhicule. La deuxième règle ajoute une contrainte aux combinaisons des sous-états hiérarchiques d'un package.

Les états et les buts.

Un 'état du monde' est défini précisément comme un lien entre chaque objet dynamique et son sous-état courant, qui a été fait par des composantes hiérarchiques. Un état du monde est bien formé si les conjonctions des prédicats de ce lien conforme aux invariants du monde.
Ex.
[pkg-1→at(pkg-1, city-1), uncertified(pkg-1), is_not_insured(pkg-1)]
[truck-2→at(truck-2, city2-ap1), furl_level(truck-2, full), hose-connected(truck-2), busy(truck-2, pkg-2)]

Un problème de planification peut être vu comme une ou plusieurs transitions d'état. Par exemple, si la condition de but est at(pkg-1, city2), delivered(pkg-1), alors le problème est de changer le sous-état courant de pkg-1 à un sous-état qui satisfait la condition du but.

3.7.2 OCL-Graph.

L'OCLGraph est basé sur l'intégration de deux sortes de planifications : D'une part celle qui utilise le graphe pour l'accélération de la recherche d'un planificateur. Et d'autre part celle qui utilise la représentation objet pour mieux représenter le modèle du domaine.
L'OCLGraph est un générateur du plan qui construit et recherche un plan dans un graphe d'objets.
Le modèle du domaine sera crée avec le langage OCL et la génération du plan se fait en utilisant l'algorithme de Graphplan, mais en substituant les propositions par des objets.

4 Application dans le cadre des Object-STRIPS.

4.1 Le projet POW.

Le projet POW (Planning in an Object World), fait partie du projet SCAMA qui a pour rôle la mise en œuvre d'un système coopératif d'aide à la maintenance aéronautique.

Le but de ce projet est la conception et l'implantation d'un planificateur dans le cadre d'Object-STRIPS, une théorie proposée par Guy Camilleri [Camilleri, 2000].

POW est composé de deux tâches : La première tâche nécessite une recherche théorique pure pour pouvoir mettre en œuvre les nouveaux résultats trouvés proposant l'utilisation des techniques orientées objets dans le monde de la planification. La deuxième tâche c'est l'application de cette recherche théorique pour le développement et l'implantation de planificateurs objets dans le cadre d'un projet industriel en partenariat avec l' EADS AIRBUS SA. pour aider les ingénieurs et les techniciens à réparer les avions AIRBUS.

Le projet POW est une partie des travaux de notre équipe sur le projet SCAMA qui conçoivent des nouvelles recherches dans le cadre des connaissances des plans et de la planification. Par la suite, la mise en œuvre des résultats de ces recherches dans une application qui va servir comme un squelette ou une API permettant aux ingénieurs de l'EADS Airbus de construire des modèles.

4.1.1 L'orienté objets et le choix de Java comme langage d'implémentation.

L'utilisation de l'orienté objets dans la planification, va nous permettre de mieux représenter le monde réel. En remplaçant les variables et les valeurs classiquement utilisées dans la planification par des objets, et les prédicats par des méthodes appliquées sur ces objets.

Le langage de programmation utilisé pour l'implantation du code est Java. Le choix du Java est fait pour les raisons suivantes :

1. Java est orienté objets : Ce qui nous permet d'appliquer nos planificateurs basés sur le monde objets.
2. Java est portable : Ce qui facilite l'utilisation de l'application sur n'importe quelle plateforme.
3. Java est robuste : Ce qui nous assure le bon déroulement de l'application.
4. Java est réflexif : L'API de réflexion dans Java représente ou reflète les classes, les interfaces et les objets. L'API de réflexion est souvent utilisé dans la conception d'outils de développement. Elle permet de :
   . Déterminer la classe d'un objet,
   . Retirer les informations concernant une classe telles que : Les champs, les méthodes, les constructeurs et les supers classes,
   . Créer une instance d'une classe pour laquelle son nom ne sera connu qu'au moment de l'exécution,
   . Consulter et mettre à jour les attributs d'un objet ou bien invoquer les méthodes de cet objet, même si ses attributs et ses méthodes ne sont pas connus qu'au moment de l'exécution.

Les problèmes aperçus lors de l'implantation en Java sont les suivants :

1. Le passage des paramètres formels dans Java est par référence. La sauvegarde de l'état d'un objet requiert le clonage de cet objet pouvant aboutir à la saturation de la mémoire dans certain domaine de planification[33]. La solution est d'utiliser des algorithmes qui permettent d'optimiser l'enchaînement de notre structure de données.
2. Java comme langage interprété est un peu lent en temps d'exécution. La solution est d'éviter autant que possible la récursivité en utilisant des algorithmes itératifs.

Notons que tout le développement du projet est fait en Java, c'est grâce à « Java reflect » qui est en général peu utilisé par les utilisateurs, que nous avons pu réaliser notre structure. Ce qui nous a donné la possibilité de manipuler Java à partir de Java.
L'outil « Java reflect » m'a permis de créer mes planificateurs de façon générique en Java. Ces planificateurs sont capables de planifier n'importe quel modèle proposé par l'utilisateur indépendamment des noms et de types des objets qui constituent le monde de planification.

4.2 La Structure de données.

Dans Object-STRIPS, les états du monde sont représentés par des collections d'objets. Les préconditions, effets et les tâches sont décrits dans un langage L_C.
Donc pour pouvoir expliquer la modélisation de la structure je vais représenter les définitions citées dans le chapitre précédent d'une manière plus pratique et plus concrète. De façon à montrer le démarche aboutissant aux choix proposés.

1-Un état est une représentation du monde à un instant précis.
Donc dans notre domaine un état est le conteneur d'un ensembles d'objets qui représentent le monde à instant quelconque. Une modification de l'un de ces objets va aboutir à un nouvel état.

2-L'état initial est l'ensemble des objets initiaux, avant qu'aucune modification affecte l'un de ces objets.

3-L'état final est l'ensemble des objets qui vérifient le but à n'importe quel stade : c'est à dire ceci peut être existant dans l'état initial ou bien après une certaines modifications de l'ensemble des objets.

4-Une tâche est une fonction transition qui a pour effets la modification d'un ou de plusieurs objets appartenant à un état quelconque. Ce qui induit à la création d'un nouvel état chaque fois qu'une tâche est appliquée.
D'autre part une tâche a un certain nombre de préconditions qui doivent être vérifiées avant que cette tâche soit appliquée.

5-Une tâche est dite applicable sur un état, si ses préconditions sont vérifiées dans cet état, autrement dit si les objets de cet état vérifient les conditions de la tâche.

---

[33] Cas d'un planificateur avec beaucoup des tâches applicables qui peuvent créer des dizaines voir des centaines d'états à partir d'un état précédent.

Donc un planificateur qui mène un état initial à un état final[34], n'est autre que la séquence des tâches qui ont été appliquées entre ces deux états. Pour avoir cette séquence, il faut dans chaque état tester les tâches qui sont applicables, puis les appliquer ce qui conduit à la création d'un nombre de nouveaux états égal au nombre de tâches applicables dans l'état en question.

On peut schématiser la structure des états de la manière suivante (figure1.4). Dans ce schéma on a un état initial (E_0), et un ensemble des tâches associées à cet état [T_1,T_2,T_3]. Chaque fois qu'on exécute une tâche applicable, on tombe sur un nouvel état. Ce qui peut être représenté sous forme d'un graphe.

Dans ce schéma on a supposé que l'état (E_n) vérifie le but donc le planificateur sera la séquence des tâches $T_2,T_3,T_2,..., T_3$.

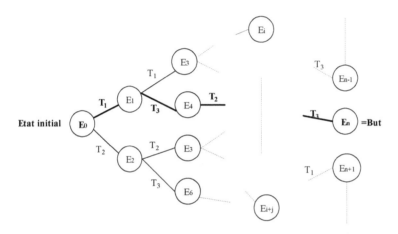

FIG 1.4 Structure des états en appliquant les tâches.

D'après ce fait, j'ai choisi la structure de graphe pour représenter l'ensemble des états. Dans ce graphe les nœuds sont les états, les arcs sont les tâches applicables et le sommet et l'état initial. Ce qui va me permettre par la suite, de récupérer la séquence des tâches qui a abouti au but, qui n'est autre que le chemin du graphe liant E_0 à E_n.

Voici un exemple qui permet de mieux comprendre la démarche de la création du graphe en appliquant l'ensemble des tâches à chaque étape.

Exemple du Ferry :

---

[34] Un état qui vérifie le but.

45

Dans cet exemple on va considérer deux rives « *rive1* » et « *rive2* » et un « *ferry* » qui a pour rôle de transférer des voitures entre les deux rives.

Pour simplifier le problème on va supposer que le ferry peut transférer une seule voiture à la fois.

Une rive doit contenir donc un attribut « *nbVoiture*» qui indique le nombre de voitures existantes sur cette rive. Pour le ferry on a un champ « *pos* » qui montre la position du ferry (la rive sur laquelle il se trouve), et un autre champ « *empty* » indiquant si le ferry est vide.

Les tâches nécessaires pour cet exemple sont :

Load: Qui a pour rôle d'enlever une voiture d'une rive et de la charger dans le ferry.

    Préconditions : -le ferry est vide (*Ferry.empty=true*).

                    -le nombre de voitures sur la rive où se trouve le ferry est strictement positif. (*Ferry.pos.nbVoiture>0*)

    Effets   : - mettre le ferry plein (*Ferry.empty=false*)

                    - décrémenter le nombre de voitures sur le rive où se trouve le ferry (*Ferry.pos.nbVoiture= Ferry.pos.nbVoiture-1*)

Unloand : Permet de décharger la voiture du ferry et de la mettre sur une rive.

    Préconditions : -le ferry est pleine (*Ferry.empty=false*).

    Effets   : - mettre le ferry vide (*Ferry.empty=true*)

                    - incrémenter le nombre de voitures sur le rive où se trouve le ferry (*Ferry.pos.nbVoiture= Ferry.pos.nbVoiture+1*)

Move: permet de déplacer le ferry d'un rive à un autre.

    Préconditions : -la destination est différente de la position courante de ferry (*Ferry.pos<> destination*).

    Effets   : - la position du ferry est égal à la destination (*Ferry.pos= destination*)

Soit l'état initial
    rive1.nbVoiture=1 ;
    rive2.nbVoiture=0 ;
    ferry.pos=rive1 ;
    ferry.empty=true ;

et soit le but :
    rive2.nbVoiture=1 ;

La recherche du planificateur qui permet de satisfaire ce but nécessite les étapes suivantes, en appliquant à partir de l'état initial les tâches qui ont les préconditions satisfaites dans cet état et ainsi de suite :

1.   Dans l'état initial les tâches suivantes ont leurs préconditions satisfaites.
   Tâches applicables :
      1.1 **Load**
      1.2 **Move**
      (Notons que dans cet état Unload n'est pas applicable car la précondition *Ferry.empty=false* n'est pas satisfaite.)
   1.1 En appliquant **Load** sur (1) le nouvel état devient :
      rive1.nbVoiture=0 ;
      rive2.nbVoiture=0 ;
      ferry.pos=rive1 ;

ferry.empty=false ;
Tâches applicables :
    1.1.1 *Unload*
    1.1.2 *Move*
1.2 En appliquant *Move* sur (1) le nouvel état devient :
    rive1.nbVoiture=1 ;
    rive2.nbVoiture=0 ;
    ferry.pos=rive2 ;
    ferry.empty=true ;
Tâches applicables :
    1.2.1 *Move*
1.1.1 En appliquant *Unload* sur (1.1) le nouvel état devient :
    rive1.nbVoiture=1 ;
    rive2.nbVoiture=0 ;
    ferry.pos=rive1 ;
    ferry.empty=true ;
Tâches applicables :
    1.1.1.1 *load*
    1.1.1.2 *Move*
1.1.2 En appliquant *Move* sur (1.1) le nouvel état devient :
    rive1.nbVoiture=0 ;
    rive2.nbVoiture=0 ;
    ferry.pos=rive2 ;
    ferry.empty=false ;
Tâches applicables :
    1.1.2.1 *Unload*
    1.1.2.2 *Move*
1.2.1   En appliquant *Move* sur (1.2) le nouvel état devient :
    rive1.nbVoiture=1 ;
    rive2.nbVoiture=0 ;
    ferry.pos=rive1 ;
    ferry.empty=false ;
Tâches applicables :
    1.2.1.1 *Load*
    1.2.2.1 *Move*
1.1.1.1 En appliquant *Load* sur (1.1.1) le nouvel état devient :
    rive1.nbVoiture=0 ;
    rive2.nbVoiture=0 ;
    ferry.pos=rive1 ;
    ferry.empty=false ;
Tâches applicables :
    1.1.1.1.1 *Unload*
    1.1.1.1.2 *Move*
1.1.1.2 En appliquant *Move* sur (1.1.1) le nouvel état devient :
    rive1.nbVoiture=1 ;
    rive2.nbVoiture=0 ;
    ferry.pos=rive2 ;
    ferry.empty=true ;
Tâches applicables :
    1.1.1.2.1 *Move*

1.1.2.1 En appliquant *Unload* sur (1.1.2) le nouvel état devient :
  rive1.nbVoiture=0 ;
  rive2.nbVoiture=1 ;
  ferry.pos=rive2 ;
  ferry.empty=true ;
Le but est satisfait dans cet état donc on arrête à ce niveau.

Le schéma suivant (figure 4.2) représente sous forme de graphe les étapes décrites
précédemment.

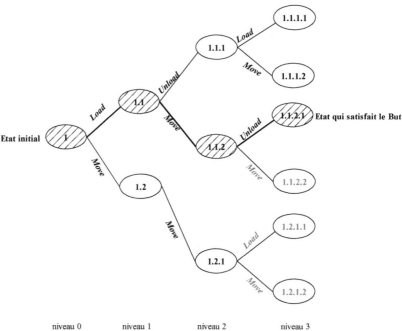

FIG. 4.2 Graphe du déplacement d'une voiture pour l'exemple de ferry.

Remarque : Les nœuds et les arcs en gris dans le niveau 3 du graphe représentent les tâches et
les états sont prévus au niveau 2 mais qui ne sont pas appliqués à cause de la satisfaction de
but dans l'état 1.1.2.1.

En parcourant ce graphe en arrière à partir de l'état (1.1.2.1) qui contient le but, on trouve que
le chemin qui mène à l'état initial est composé des nœuds suivants :
(1.1.2.1)-(1.1.1)-(1.1)-(1)
En intervertissant les arcs on trouve le planificateur de ce problème qui est la séquence
suivante des tâches :
Load – Move – Unload

4.2.1 Préparation des objets nécessaires pour la structure.

Pour représenter la structure du graphe d'états j'ai choisi les objets suivants :
- Un objet *State* qui représente l'état ou le nœud du graphe, est l'élément essentiel de cette structure.
- Un autre objet *TaskNode* représente les tâches ou les arcs du graphe. Cet objet va contenir toutes les caractéristiques d'une tâche que je vais détailler plus tard dans ce chapitre.

Pour garder le lien entre les différents nœuds, j'ai utilisé un pointeur de type *State* qui se trouve dans l'objet *State* et qui pointe l'objet ou l'état précédent qui a crée l'objet en cours (c'est-à-dire le père du nœud courant dans le graphe). Ce pointeur doit avoir la valeur nulle pour l'état initial ou le sommet du graphe. De plus, l'objet *State* contient un objet de type *TaskNode*, qui pointe la tâche[35] qui a abouti à la création de cet état. Comme pour le cas du pointeur vers l'objet *State*, cet objet est nul dans l'état initial (la racine du graphe).

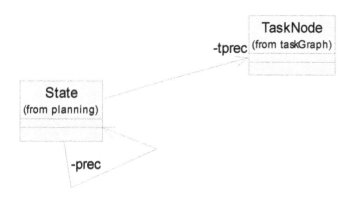

FIG. 4.3 Le diagramme de classes des objets qui constituent le graphe d'états.

D'autre part l'objet *State* contient une liste des objets du monde qui reflètent l'état représenté par ce nœud du graphe. Cette liste va contenir un ensemble d'objets de types éventuellement variés. Par exemple pour le problème de ferry cette liste doit être {*rive1,rive2,ferry*} qui sont les objet du monde de l'exemple de ferry, cette liste sera différente d'un nœud à l'autre à cause de l'application des tâches, qui chaque fois modifie certains objets du monde. Une autre liste qui est l'ensemble des tâches applicables est contenue dans l'objet *State*, qui représente les tâches instanciées par rapport aux objets de cet état (ce nœud).

Notons que ces objets constituent la base de la représentation du graphe d'états, mais pour la manipulation de cette structure, des dizaines d'objets vont entrer en jeu.

---

[35] C'est l'arc qui relie le nœud à son ancêtre sur le graphe.

4.2.2 Manipulation de la structure.

Pour la génération du graphe d'états, il faut commencer avec le nœud sommet[36], pour ce faire on a besoin en entrée de la liste des objets du monde et la liste des tâches qui peuvent être appliquées sur ces objets. L'obtention de ces deux listes se fait comme suit :
- *La liste des objets du monde* : il suffit de récupérer les instances des objets du monde introduites par l'utilisateur[37] dans une liste générique.
- *La liste des ground tasks*[38]: On a besoin d'instancier les tâches par rapport aux différents objets du monde qui correspondent aux paramètres de ces tâches, cette instanciation doit être effectuée pour toute les combinaison possible. D'où l'idée d'appliquer le produit cartésien sur les objets qui peuvent servir comme paramètres formels d'une tâche.

Reprenons notre exemple de ferry : où la liste des objets du monde est {*rive1,rive2,ferry*}

Si on prend la tâche *Move* qui a comme signature *Move(Ferry ,Rive)*. Les combinaisons possibles des objets pour appliquer cette tâche ne sont autre que le résultat du produit cartésien des types *Ferry* x *Rive*, d'où : (*ferry, rive1*), (*ferry, rive2*).

On remarque que le nombre de tâches applicables n'est pas strictement le nombre de tâches, mais un produit cartésien des objets servant comme paramètres pour chaque tâche, ce qui induit à un problème important dans la planification. Comme on a déjà vu dans notre exemple, on a deux tâches qui peuvent être appliquées pour la même tâche *Move*.

L'algorithme de la génération du produit cartésien est comme suit :

1. Classer les objets tirés de la liste des objets du monde dans des listes différentes qui correspondent à leurs types[39], où chaque liste sera identifiée par le type de ses objets.

2. Pour chaque tâche dans la liste des tâches, retirer la liste des paramètres formels. Et préparer un tableau pour sauvegarder les instances possibles pour cette tâche.

3. Pour chaque paramètre choisir la liste des objets (étape 1) ayant le même type que ce paramètre, et ajouter ses objets un par un à toutes les lignes du tableau, en revenant pour chaque objet au tableau récupéré avant cette étape. De façon à avoir dans cette étape, une nouvelle colonne, et autant de lignes que le nombre d'objets multiplié par le nombre de lignes existant au moment de récupération du tableau.

---

[36] L'état initial dans notre cas.
[37] L'utilisateur de notre point de vue est en réalité le développeur qui utilise le planificateur POW pour résoudre ses problèmes de planification.
[38] La liste des tâches qui peuvent être appliquées sur les objets du monde. Notons qu'un éditeur spécifique est crée pour la saisie des tâches avec ses préconditions et ses effets.
[39] Pour un objet le type n'est autre que sa classe.

4. Répéter étape (3) pour toute la liste des paramètres de la tâche courante. Revenir à l'étape (3) si ce n'est pas la fin de la liste des tâches.

Exemple : Soit la liste des objets du monde suivantes : {a1,b1,b2,b3,c1,c2}

        Où : a1 est de type A ;

            b1, b2, b3 sont de type B ;

            c1, c2 sont de type C ;

        Et soit la tâche **TCH(A, B, C)** , avec la liste des tâches = {**TCH**}

        L'application de l'algorithme est la suivante :

        (1) liste A={a1} ; liste B={b1, b2, b3} ; liste C={c1, c2}.

        (2) Pour **TCH** , soit un tableau vide T.

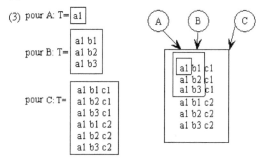

Avec la liste des tâches et la liste des objets du monde, on peut commencer à générer le graphe. D'abord on crée l'objet *State* qui va jouer le rôle du sommet du graphe, à partir de ce sommet on crée au fur et à mesure les autres nœuds constituant le graphe d'états. Dans ce cadre là, j'ai mis en œuvre deux algorithmes, un qui fait le parcourt du graphe en largeur d'abord et un autre en profondeur d'abord. Dans les paragraphes suivants on détaillera les caractéristiques de chacun de ces algorithmes.

4.3 Planificateurs utilisant le graphe d'états.

On a déjà vu dans le paragraphe précédent les différentes étapes qui ont abouti à la création de l'état initial qui va jouer le rôle du sommet du graphe d'états.
Avant de détailler les différents algorithmes pour créer et parcourir le graphe d'états. On va parler de la création de l'état *State* qui est un nœud dans le graphe.
Les étapes pour créer un état *State* sont les suivantes :

- En entrée on instancie les différentes tâches de la *liste ground tasks* par rapport à *la liste des objets du monde* et on récupère donc une nouvelle liste qui contient les tâches instanciées.
- On test l'applicabilité des tâches instanciées dans l'état courant, et à partir de là on récupère la liste des tâches applicables.
- Si l'état à créer n'est pas l'état initial, on garde un pointeur vers l'état précédent et un objet qui correspond à la tâche[40] qui a provoqué la création cet état.

La difficulté dans cette étape réside dans l'instanciation des tâches par rapport à la nouvelle *liste d'objets du monde*. Car le remplacement des paramètres par les objets convenables, ne se fait pas arbitrairement comme au départ lors de l'application du produit cartésien.
Dans ce cas l'instanciation d'une tâche se fait de manière à remplacer chaque objet qui joue le rôle d'un paramètre formel dans cette tâche, par l'objet correspondant qui n'est autre qu'une copie de l'objet en question. Pour cette raison on a gardé la liste initiale[41] *des ground tasks*, en revanche chaque objet appartenant au monde garde sa position dans *la liste des objets du monde* quel que soit son état. Cette organisation va nous permettre par la suite de chercher la position de l'objet qui joue le rôle d'un paramètre formel dans la liste initiale, et de remplacer cet objet par celui qui occupe la même position dans la liste courante des objets du monde.

Exemple :
Au départ on a les listes suivantes :
. Soit $L_O=\{rive1, rive2, ferry\}$: *Liste initiale des objets du monde*
. Soit $L_{T}=\{$***Load(Ferry), Move(Ferry, Rive), Unload(Ferry)***$\}$: *la liste des tâches qui peuvent être appliquées sur les objets du monde.*
. En effectuant le produit cartésien on tombe sur la liste des tâches instanciées suivante :
$L_I=\{$***Load(ferry), Move(ferry, rive1), Move(ferry, rive2), Unload(ferry)***$\}$

-état 0 : $L^0_O=\{rive1, rive2, ferry\}$
$L^0_I=\{$***Load(ferry), Move(ferry, rive1), Move(ferry, rive2), Unload(ferry)***$\}$

-état 1 : $L^1_O=\{rive1', rive2', ferry'\}$
$L^1_I=\{$***Load(ferry'), Move(ferry', rive1'), Move(ferry', rive2'), Unload(ferry')***$\}$
○ ....

-état n : $L^n_O=\{rive1^n, rive2^n, ferry^n\}$
$L^n_I=\{$***Load(ferry^n), Move(ferry^n, rive1^n), Move(ferry^n, rive2^n), Unload(ferry^n)***$\}$

On remarque dans cet exemple que quel que soit l'état, l'instanciation des tâches se fait par rapport aux positions des objets dans la liste. De façon :

Si $i=$ l'objet occupant la position i dans la liste initiale d'objets du monde.
$\Rightarrow \forall k$ le rang de l'état : $L^k_I=\{$***Load(3), Move(3, 1), Move(3, 2), Unload(3)***$\}$ où 1,2,3 *sont les position des objets dans* L^k_O.
Notons qu'on verra plus tard que ce même principe d'instanciation des tâches va être utilisé pour instancier les tâches avant leurs applications. Mais avec une seule différence, la recherche de la position d'objet, pour une tâche applicable se fait à partir de la *liste des objets*

---

[40] La tâche dans ce cas joue le rôle de l'arc reliant cet état à l'état précédent.
[41] La liste des tâches instanciées par rapport aux objets de l'état initial.

du monde courante et non pas à partir de la *liste des objets du monde* de l'état initiale. Comme on a déjà vu que les tâches applicables doivent être instanciées par rapport à *la liste des objets du monde* de l'état courant avant leur test d'applicabilité.

Maintenant qu'on a détaillé les différentes étapes de la création d'un état *State,* qui est l'objet de base dans la structure. On peut présenter les algorithmes, qui vont générer et manipuler ces objets *State,* de façon à avoir un graphe d'états qui va servir la planification.

4.3.1 Planificateurs en chaînage avant.

Dans ce paragraphe je vais présenter les différents algorithmes des planificateurs en chaînage avant. Ces algorithmes sont basés sur la manipulation et la génération des différents éléments de la structure que détaillée précédemment.

*Algorithme d'un planificateur parcourant le graphe en **largeur d'abord***

Dans cet algorithme on va commencer par créer l'état initial. On teste si cet état initial vérifie le but, si oui, c'est à dire que le but existe déjà dans l'état initial, et le plan est trouvé (plan vide). Si l'état initial ne vérifie pas le but, on applique toutes les tâches applicables dans cet état. L'application d'une tâche, va aboutir à la création d'un nouvel état qui est le résultat de l'application des effets de la tâche sur les objets du monde. Ces objets doivent être clonés avant l'application d'une tâche, pour pouvoir garder la séquence d'évolution des objets sur chaque chemin du graphe. On passe au niveau suivant et on parcourt ce niveau état par état, (figure 4.2). Dans chaque état de ce niveau on effectue le même travail que pour l'état initial[42]. Si on trouve un état qui vérifie le but on arrête, sinon on passe au niveau suivant du graphe et ainsi de suite.
Pour éviter l'utilisation d'une méthode récursive, on a préposé la notion de file. Pour cette raison on utilise une liste. Chaque fois qu'on crée un nouvel état on ajoute cet état à la fin de la liste, et chaque fois on traite l'état qui se trouve au début de la liste.
Voici l'algorithme de la méthode qui fait ce travail :

(0) *EnsEtat*={} ; // Créer une liste vide des états ;
(1) Créer l'état *State* initial[43] (*état0*) ;
(2) Tester Si l'*état0* vérifie le but Alors retourner *état0* et sortir
              Sinon ajouter *état0 à la liste, EnsEtat= EnsEtat* ∪{*état0*} ;
(3) Tant que *EnsEtat* ≠ ∅
        Etat=EnsEtat[0] //   Retirer la tête de la liste ;
              Tant que *Etat.TachesAppl* // Pour chacune des tâches applicables dans *Etat*
                      (3.1) Cloner les objets du monde et appliquer la tâche sur ces objets ;
                      (3.2) Créer l'état suivant (*étati*) à partir de la tâche appliquée et ses objets ;
                      (3.3) Tester Si l'*étati* vérifie le but Alors retourner *étati* et sortir
                            Sinon *EnsEtat= EnsEtat* ∪ {*étati*} // ajouter *étati à la*
      liste ;
          FinTq;

      EnsEtat= EnsEtat -{ *Etat* }; // enlever l'état *Etat* de la liste
    FinTq :

---

[42] Test de la vérification du but, puis application des tâches.
[43] Cet état initial est le sommet du graphe.

(4) retourner nul et sortir;

Pour mettre en relief la performance de cet algorithme, on va citer ses propriétés:
D'abord on va définir les facteurs suivants :
Soient : b : facteur de branchement,
        d : profondeur,
        m : profondeur maximale de l'espace d'état.

Les propriétés de la recherche en largeur d'abord :
- Complétude : La stratégie parvient théoriquement[44] à une solution s'il existe une à condition que b soit fini.
- Complexité en temps : Le nombre de nœuds développés est exponentiel en fonction de d $=1 + b + b^2 + \ldots + b^d = O(b^d)$
- Complexité en espace : Nombre maximal de nœuds en mémoire$= O(b^d)$
- Optimalité : La solution retourner est la solution optimale en nombre d'actions.

Le point faible dans cet algorithme est la complexité en mémoire. On arrive souvent à saturer la mémoire, en traitant des problèmes de planification qui demandent plusieurs applications de tâches. Donc cet algorithme dépend fortement de l'espace mémoire du système où il tourne.
Pour pouvoir utiliser la mémoire d'une manière plus économique, j'ai proposé deux solutions : une consiste en une amélioration de l'algorithme, d'une manière à éliminer les nœuds redondants dans le graphe. Et une autre qui est le parcourt le graphe en profondeur d'abord. Nous allons parler maintenant de cette dernière solution.

*Algorithme d'un planificateur parcourant le graphe en **profondeur d'abord***

L'idée dans cet algorithme, est de suivre un seul chemin du graphe en même temps, jusqu'à une certaine limite. Si on n'arrive pas à une solution sur ce chemin, on libère la mémoire puis on reprend un autre chemin, et ainsi de suite.
La démarche est la suivante, on va imposer la séquence maximale en nombre de tâches, qui n'est autre que le niveau maximal qu'on peut atteindre[45] dans le graphe.
En partant de l'état initial, on teste la satisfaction du but. Si le but est non vérifié, on applique la première tâche de la *liste de tâches applicables* [46] et on élimine cette tache de la liste. On passe à l'état suivant crée grâce à l'application de cette tâche et on fait le même travail jusqu'à ce qu'on atteigne le niveau maximal de nœuds. Si l'état maximal est atteint sans satisfaction du but, on revient un pas en arrière (au nœud précédent) et on applique la première tâche de la liste, s'il en existe une, sinon on marche en arrière un second pas jusqu'à ce qu'on trouve une tâche applicable. Chaque fois qu'on quitte un nœud pour aller en arrière on libère l'espace mémoire occupé par les objets de ce nœud. Un attribut ajouté à l'objet *State* qui contient le niveau du nœud dans le graphe, va nous permettre de tester les nœuds maximaux à atteindre.

Voici l'algorithme de la méthode qui fait ce travail :

---

[44] Pour avoir une solution il faut ne pas dépasser la capacité de la mémoire.
[45] Ce nombre maximal doit être choisi astucieusement par rapport à la nature du problème. Pour le moment ce nombre est fixé par l'utilisateur. Mais, dans une extension prévue le choix de ce nombre va être automatique et dynamique par rapport à la nature du problème à planifier.
[46] Au lieu d'appliquer toutes les tâches à la fois comme dans le cas largeur d'abord.

(0) MAXNŒUDS=nb ; // le niveau maximal de nœuds ;
(1) Créer l'état *State* initial[47] (*état0*) ; *Etat=état0*; // variable de l'état courant ;
(2) Tester <u>Si</u> l'*état0* vérifie le but <u>Alors</u> retourner *état0* et sortir
<u>Sinon</u> ajouter *état0 à la liste, Etat= état0* ;
(3) <u>Tant que</u> *Etat* ≠ nul

    TachesAppl= liste des tâches applicables de *Etat* ;

      <u>Si</u> *TachesAppl*≠ Ø et *Etat.niveau*< MAXNŒUDS <u>Alors</u>

        (3.1) *Tache= TachesAppl[0]* ; //   Retirer la tête de la liste des tâches;

        (3.2) Cloner les objets du monde et appliquer la tâche sur ces objets ;

        (3.3) Créer l'état suivant (*étati*) à partir de la tâche appliquée et ses objets ;

        (3.4) Tester <u>Si</u> l'*étati* vérifie le but   <u>Alors</u> retourner *étati* et sortir;

        (3.5) *TachesAppl = TachesAppl -{ Tache }* // éliminer la tâche de *la liste* ;

        (3.6) *Etat= étati* ; // l'état crée sera l'état courant ;

    <u>Sinon</u>

        (3.1)' **Etat** = **Etat**.*precedent* // revenir à l'état précédent ;

        (3.2)' Libérer l'espace mémoire de l'objet **Etat** échappé ;

    <u>FinSi</u> ;

<u>FinTq</u>;

(4) retourner nul et sortir;

Les propriétés de la recherche en profondeur d'abord :

-   Complétude : La stratégie peut ne pas parvenir à une solution même s'il en existe une, si la profondeur est infinie ou s'il y'a des boucles.
-   Complexité en temps : Le nombre de nœuds développés est exponentiel en fonction de m $=1 + b + b^2 + \dots + b^m = O(b^m)$.
    . La complexité devient dramatique si m est beaucoup plus grand que d, le choix de m doit être fait astucieusement.
    . Mais si les solutions sont denses dans le graphe, la recherche peut être plus rapide qu'en « largeur d'abord »
-   Complexité en espace : Nombre maximal de nœuds en mémoire= $O(bm)$. C'est à dire, espace mémoire linéaire ce qui est beaucoup plus économique que « largeur d'abord » où l'espace mémoire est exponentiel.
-   Optimalité : La solution retourner n'est pas nécessairement la solution optimale.

4.3.2   Amélioration des Planificateurs.

La deuxième solution que j'ai proposé pour économiser l'espace mémoire pour le planificateur en « largeur d'abord », est le découpage des nœuds redondants. Cette même technique va me permettre d'éviter les boucles dans le planificateur en « profondeur d'abord ». Le principe de cette technique est le suivant :
-   ***Pour la « largeur d'abord »*** : On crée une liste pour garder les états déjà parcourus, avant de parcourir un état on le compare aux états de cette liste. Si on trouve qu'il est équivalent à un autre état ; On abandonne cet état.

L'algorithme du planificateur « largeur d'abord » devient :

---

[47] Cet état initial est le sommet du graphe.

(0) *EnsEtat*={} ; // Créer une liste vide des états ; *DelEtat*={} ; // Créer une liste vide des états parcourus et enlevés de la liste *EnsEtat*;
(1) Créer l'état *State* initial (*état0*) ;
(2) Tester <u>Si</u> l'*état0* vérifie le but <u>Alors</u> retourner *état0* et sortir
                     <u>Sinon</u> ajouter *état0* à la liste, *EnsEtat*= *EnsEtat* ∪ {*état0*} ;
(3) <u>Tant que</u> *EnsEtat* ≠ Ø
         Etat=*EnsEtat*[0] //   Retirer la tête de la liste ;
                 <u>Tant que</u> *Etat.TachesAppl* // Pour chacune des tâches applicables dans *Etat*
                     (3.1) Cloner les objets du monde et appliquer la tâche sur ces objets ;
                     (3.2) Créer l'état suivant (*étati*) à partir de la tâche appliquée et ses objets ;
                     (3.3) Tester <u>Si</u> l'*étati* vérifie le but <u>Alors</u>
                                 retourner *étati* et sortir
                   <u>Sinon</u>
                         <u>Si</u> *étati* ∉ *DelEtat* <u>Alors</u> *EnsEtat*= *EnsEtat* ∪ {*étati*} //
                       ajouter *étati* à la liste ;
                     <u>Finsi</u> :
       <u>FinTq</u>;

       EnsEtat= *EnsEtat* -{ *Etat* }; // enlever l'état *Etat* de la liste des états à parcourir ;
       DelEtat= *DelEtat* ∪ { *Etat* }; // ajouter l'état *Etat* de la liste des états déjà parcourus ;
   <u>FinTq</u>;

(4) retourner nul et sortir;

-   ***Pour la « profondeur d'abord »*** :On compare l'état courant s'il est équivalent à un état existant sur son chemin sur le graphe. Ceci en parcourant les états en arrière un par un, jusqu'à l'état de sommet. Si on trouve qu'un autre état est équivalent à celui-ci on abandon l'état, en revenant un pas en arrière et on libère sa place mémoire. De cette façon on arrive à éviter les cycles sur un chemin quelconque.

(0) MAXNŒUDS=nb ; // le niveau maximal de nœuds ; (1) Créer l'état *State* initial (*état0*) ;
Etat=*état0*; // variable de l'état courant ;
(1) Tester <u>Si</u> l'*état0* vérifie le but <u>Alors</u> retourner *état0* et sortir
                     <u>Sinon</u> ajouter *état0* à la liste, *Etat*= *état0* ;
(2) <u>Tant que</u> *Etat* ≠ nul
     (3.1)*SingleEtat*=*true* ;// variable booléenne pour tester si l'état est unique sur le chemin ;
     (3.2) *prevEtat*= *Etat.precedent* ;// pointeur sur l'état précédent *;*
     (3.3) <u>Tant que</u> *prevEtat* ≠ nul
         <u>Si</u> *prevEtat*= *Etat* <u>Alors</u> *SingleEtat*=*false* ; <u>exitTq</u> ;
     <u>FinTq</u>;
     TachesAppl= liste des tâches applicables de *Etat* ;
       <u>Si</u> *TachesAppl*≠ Ø et *Etat.niveau*< MAXNŒUDS et SingleEtat =true <u>Alors</u>
                 (3.4) *Tache*= *TachesAppl*[0] ; //   Retirer la tête de la liste des tâches;
                 (3.5) Cloner les objets du monde et appliquer la tâche sur ces objets ;
                 (3.6) Créer l'état suivant (*étati*) à partir de la tâche appliquée et ses objets ;
                 (3.7) Tester <u>Si</u> l'*étati* vérifie le but   <u>Alors</u> retourner *étati* et sortir;
                 (3.8) *TachesAppl* = *TachesAppl* -{ *Tache* } // éliminer la tâche de *la liste* ;
                 (3.9) *Etat*= *étati* ; // l'état crée sera l'état courant ;

<u>Sinon</u>

(3.4)' *Etat = Etat.precedent* // revenir à l'état précédent ;

(3.5)' Libérer l'espace mémoire de l'objet *Etat* échappé ;

<u>FinSi</u> ;

<u>FinTq</u> ;

(4) retourner nul et sortir;

Les tests effectués après cette amélioration des algorithmes ont donné de très bons résultats. Pour l'exemple de ferry on a pu faire passer mille voitures en « largeur d'abord », le nombre maximal avant l'amélioration de l'algorithme était 4 voitures.

De même on a appliqué cet exemple sur le planificateur « profondeur d'abord ». On a obtenu une solution optimale grâce à la technique de découpage de redondances.

Les effets de cette amélioration ont de même réduit le temps de recherche des planificateurs pour les problèmes où le nombre d'états redondants est important.

4.4 Des outils ajoutés à l'API.

Nous avons remarqué dans le paragraphe précédent que le clonage des objets et la comparaison des états sont indispensable pour mettre en œuvre notre API de planification. Comme ces outils ne sont pas offerts par le langage Java, j'ai choisi d'ajouter à l'API de planification des outils assurant les tâches invoquées tâches.

J'ai mis en œuvre une interface qui s'appelle **EnablePlanning**. Cette interface contient deux méthodes.

1- *isEquivalentTo()* : qui assure la comparaison de l'égalité de deux objets.

2- *Duplicate()* : qui a pour rôle le clonage des objets.

FIG.4.4 Diagramme de classes de l'interface EnablePlanning.

Chaque classe qui va supporter la planification doit implémenter l'interface **EnablePlanning** et développer ses deux méthodes.

4.4.1 <u>La stratégie de comparaison de l'égalité des objets.</u>

On a vu que pour l'amélioration des planificateurs, la technique de détection des cycles est utilisée. Cette technique nécessite la comparaison de état courant avec chacun des états précédents existant déjà sur un (ou plusieurs) chemin (s) du graphe d'états. Or, pour comparer l'égalité de deux états il faut comparer, il faut comparer l'égalité des listes des objets du monde de ces deux états. Donc, le problème se résulte à trouver un outil permettant la comparaison de l'égalité de deux objets.

Le langage Java ne contient pas un tel mécanisme permettant la comparaison de l'égalité de deux objets différents selon le besoin de notre problème. Dans Java, la méthode *equals()* compare deux référence si elles pointent le même objet, mais ne compare pas l'égalité de deux instance d'objets.

Dans notre problème, il y'a un objet instancié d'une classe et un autre objet cloné de l'objet instancié, donc ces deux objets sont deux instances différentes (de la même classes) dans la mémoire. Nous avons besoin de comparer le contenu des deux objets pour décider l'égalité. En général, un objet est constitué d'un ensemble d'attributs (types de base) et/ou d'un ensemble d'autres objets. Donc le test de l'égalité de deux objets nécessite en plus le test de l'égalité de sous objets contenus dans ces objets. De même chacun de ces sous objets peut contenir un autre ensemble de sous objets . Donc, il y'a besoin de tester les objets de haut en bas (Top-Down exploration) jusqu'à l'arrivé aux types de base ou la comparaison sera à plat.

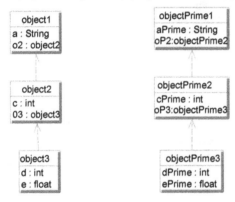

FIG. 4.5 Exemple de comparaison des objets.

Soit deux objets « object1 » et « objectPrime1 » (figure 4.5). Supposons ces deux objets sont générés par la même classe. Donc ils ont le même nombre et les mêmes types d'attributs. Pour comparer l'égalité des objets « object1 » et « objectPrime1 », On commence par la comparaison des attributs un à un.

Voici l'idée de l'algorithme de la comparaison de deux objets :

      3- Si l'attribut est un type de base on aura la réponse ; Si True on continue sinon return (False) ;

      4- Si c'est un objet ou bien un conteneur d'objets[48], on cherche cet objet et on revient à l'étape 1. (on compare ses attributs avec les attributs de l'objet correspondant).

      5- Return(true) ;

En revenant à l'exemple :

- on commence la comparaison 'a' avec 'aPrime' qui ont un type de base (String) donc la comparaison peut retourner une valeur True ou False.
- Le deuxième attribut est de type composé, sa valeur correspond à « object2 » dans « object1 » et à « objectPrime2 » dans « objectPrime1 ». Donc il faut comparer ces deux objets.

---

[48] Par exemple une ArrayList ou une HashTable contenant des objets.

- On compare 'c' de « object2 » avec 'cPrime' de « objectPrime2 », ces deux attributs ont un type de base (int) donc la comparaison peut retourner une valeur True ou False.
- 'o3' est un objet « object3 » et 'oP3' est un objet « objectPrime3 », donc on compare leurs attributs.
- On compare 'd' et 'e' de « object3 » respectivement avec 'dPrime' et 'ePrime' de « objectPrime3 » qui ont de type de base.

Et la comparaison se termine à ce stade.

Comme conclusion cette comparaison de « object1 » avec « objectPrime1 » se résume par la valeur retournée par la comparaison suivante :

(object1.a== objectPrime1.aPrime
                                    and
object2.c== objectPrime2.cPrime
                                    and
object3.d== objectPrime3.dPrime   and   object3.e== objectPrime3.ePrime
);

4.4.2   La stratégie de clonage des objets du monde.

On a vu dans les paragraphes précédents, qu'à chaque application d'une tâche, on a besoin de cloner les objets du monde pour pouvoir garder la séquence de l'évolution des objets sur un chemin quelconque du graphe. Le problème parfois rencontré avec le clonage est les objets imbriqués. Le langage Java ne fait qu'un clonage superficiel. C'est à dire si un objet $O1$ contient un autre objet $O2$, le clonage de l'objet $O1$ n'entraîne pas le clonage de l'objet $O2$.
Pour la planification le problème est un peu plus compliqué, car même si on clone l'objet $O2$ lors du clonage de l'objet $O1$ le problème n'est pas résolu. Car pour la planification on a besoin d'avoir un ensemble d'objets cohérents les uns par rapport aux autres.
Pour mettre en relief le problème de clonage on va reprendre l'exemple du ferry. Dans cet exemple l'objet de type *Ferry* contient un objet de type *Rive* qui indique la rive où se trouve le ferry.
La liste des objets du monde dans cet exemple était : L^0_O={rive1, rive2, ferry}
Si on suppose que l'objet *ferry* contient l'objet *rive1* .
Si on clone la liste L^0_O on obtient une liste L^1_O={rive1', rive2', ferry' }, mais dans ce cas *ferry'* doit contenir l'objet *rive1'* $\in L^1_O$ et non pas une autre copie de *rive1*.
D'où le besoin d'une stratégie de clonage récursive, pour pouvoir garder la cohérence des objets appartenant à la liste des objets du monde. D'où l'idée d'implantation d'une méthode s'appelant *duplicate()*, qui a pour rôle la mise en œuvre d'une telle stratégie. Cette méthode est définie dans une interface. Pour être planifiable chaque objet du monde doit implanter cette interface contenant la méthode *duplicate()*.
L'algorithme de la méthode *duplicate()* est le suivant :
Lors du clonage d'un objet qui appartient à *la liste des objets du monde*. On clone l'objet, et on appelle la méthode *duplicate()* de chaque sous objet contenu dans cet objet. Lors du clonage de chacun des objets, on teste si l'objet a été déjà cloné, si oui on prend la copie clonée de l'objet, sinon on clone. Reprenant l'exemple :

L^0_O={rive1, rive2, ferry} avec l'objet *ferry* contient l'objet *rive1* ;
Le clonage de *rive1* → *rive1'* ;
                rive2 → *rive2'* ;

$$ferry \rightarrow (rive1 \leftarrow rive1') \rightarrow ferry'^{\,49}$$

Dans cet exemple, lors de clonage de *ferry* on a appelé le clonage de *rive1* mais comme *rive1* était déjà cloné dans *rive1'*, donc on a pris la copie *rive1'*.

Si on suppose que l'ordre des objets dans la liste est : $L^0{}_O = \{\,ferry, rive1, rive2\}$, dans ce cas
$$ferry \rightarrow (rive1 \rightarrow rive1') \rightarrow ferry'$$
$$rive1 \leftarrow rive1'\,;$$
$$rive2 \rightarrow rive2'\,;$$

En généralisant cet exemple, soit la *liste des objets du monde*:
$L^0{}_O = \{O_1, O_2, O_3, ..., O_{n-1}, O_n\}$ telle que : $O_n \subset O_{n-1} \subset ... \subset O_3 \subset O_2 \subset O_1$

Le clonage de l'objet O_1 va invoquer le clonage de tous les autres d'un niveau à l'autre :
$$O_1 \rightarrow (O_2 \rightarrow (O_3 \rightarrow (... O_{n-1} \rightarrow (O_n \rightarrow O'_n) \rightarrow O'_{n-1}...) \rightarrow O'_3) \rightarrow O'_2) \rightarrow O'_1$$
$$O_2 \leftarrow O'_2$$

$$............$$

$$O_n \leftarrow O'_n$$

Pour éviter le bouclage cas où deux objets sont contenus l'un dans l'autre. On a donné à la méthode *duplicate()* la possibilité de couper les cycles.

Soit $O_1 \subset O_2$ et $O_2 \subset O_1$, lorsque O_1 appelle le clonage de O_2, O_2 à son tour va appeler le clonage de O_1 et on entre dans une boucle infinie, où chaque méthode va appeler infiniment l'autre en attendant une réponse. $O_1 \rightarrow (O_2 \rightarrow (O_1 \rightarrow (O_2 \rightarrow (O_1 \rightarrow ...$

La solution est de retarder la version finale de l'objet crée. C'est à dire, on clone l'objet O_1 avant l'appel du clonage de l'objet O_2, après on appelle le clonage de l'objet O_2 on clone et on prend la copie clonée de l'objet O_1 par la suite on revient pour mettre à jour l'objet O_2 dans l'objet O_1 qui doit être la nouvelle copie de l'objet O_2. Ceci est possible en utilisant les références des objets, de façon que la mise à jour de l'objet O_1 soit reflétée dans l'objet O_2, si ce dernier contient le bon référence de l'objet O_1.

Donc la démarche du clonage dans ce cas sera :
$$O_1 \rightarrow (O_2 \rightarrow (O_1 \leftarrow O'_1) \rightarrow O'_2) \rightarrow O'_1{}^{\,50}$$

4.4.3   Résolution du problème de famine (deadlock).

Un problème commun pour l'algorithme de comparaison des deux objets (§-4.4.1) et celui de clonage (§-4.4.2) est la famine ou le deadlock. Ce problème apparaît lorsqu'on a deux objets de même type imbriqué l'un dans l'autre (figure 4.6).

---

[49] Dans cet exemple la flèche $\rightarrow$ signifie un clonage, et une flèche $\leftarrow$ signifie remplacement de l'objet par une copie déjà clonée.
[50] La couleur des objets en gris montre les objets qui sont utilisés comme référence sans être à jour qu'à la fin de procédure de clonage.

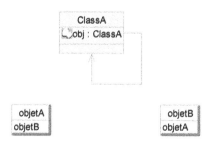

FIG. 4.6 Exemple de objets imbriqués.

Dans cet exemple on a la classe **ClassA** qui contient une référence 'obj' sur un objet de type **ClassA**. L'objet « objetA » contient un objet « objetB » qui à son tour contient l'objet « objetA ».

Si on applique l'algorithme de comparaison sur les objets « objetA » et « objetB ». L'objet « objetA » va appeler l'objet « objetB » comme étant son attribut. A son tour l'objet « objetB » va appeler son attribut l'objet « objetA » et la boucle est infinie.

De même pour le clonage comme j'ai déjà expliquer théoriquement dans le paragraphe précédent (§-4.4.2). Chacun de deux objets va appeler le clonage de l'autre en attendant sa complétion et la boucle est aussi infinie.

Pour résoudre ce problème j'ai introduit un mécanisme de détection de famine.

Techniquement, j'ai utilisé un HashMap où chaque fois que j'ai un objet à cloner, je cherche si cet objet existe comme une clé dans le HashMap. Si l'objet à cloner existe, je prends la valeur clonée de cet objet qui n'est autre que la valeur correspondant à la clé trouvé dans le HashMap. Si non, je clone (duplique) cet objet et j'insère l'objet initial dans le HashMap comme clé et l'objet cloné comme valeur.

Idem pour la comparaison, à la comparaison de deux objets j'initialise un HashMap ayant comme clé le premier objet et comme valeur comme second sans tenir compte de l'ordre. Durant la procédure de comparaison si de sous objets sont à comparer je teste si ces sous objets existe dans le HashMap. Si oui je dépasse la comparaison et la considère comme neutre. Si non, j'insère les deux sous objets dans le HashMap.

5 Définition et développement de quelques domaines.

Pour pouvoir tester les planificateurs, j'ai développé un ensemble de domaines pour pouvoir appliquer les jeux de test nécessaires à l'évaluation des planificateurs développés. Ces domaines sont des exemples typiques dans le monde de planification. La nouveauté pour ces exemples est la représentation objet. On verra que cette représentation sous forme d'objets va permettre de réduire le nombre de paramètres formels pour certaines tâches donc le nombre de préconditions. Par contre réduire le nombre de tâches pour certains problèmes.

La saisie des tâches avec ses différentes préconditions et ses effets, sera faite à travers un éditeur (figure 5.1) :

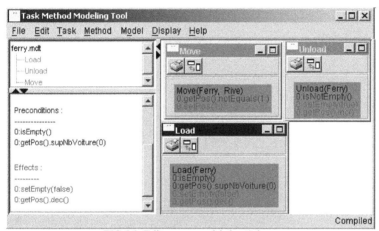

FIG.5.1 Editeur pour saisir les tâches

Dans cet éditeur on introduit la signature de la tâche, puis on présente les préconditions et les effets par rapport à la position des paramètres dans cette tâche. L'ensemble des tâches introduites dans cet éditeur, sera par la suite compilé et sauvegardé dans un fichier. Plus tard ce fichier compilé sera utilisé comme le représentant du modèle.

5.1 Domaine de ferry.

Dans ce domaine le monde est formé d'un ensemble de rives (au moins deux rives), un ensemble de ferry (au moins un ferry) et un nombre positif de voiture.

Hypothèses :

6- Un ferry peut porter au plus une voiture, par conséquence le ferry peut être plein s'il porte une voiture ou bien vide sinon.

7- Une voiture n'a pas des caractéristiques spéciales par rapport aux autre voitures.

8- Une voiture peut être sur une rive ou bien dans le ferry.

9- Un ferry est considéré sur une rive jusqu'à son arrivée sur une deuxième rive. C'est-à-dire le trajet effectué par un ferry n'est pas pris en compte.

Pour la modélisation de ce domaine j'ai choisi les objets suivants (Figure 5.2) :
- Une classe **Rive** qui contient un compteur qui indique le nombre de voiture sue ce rive. D'après l'hypothèse 2, il n'y a pas besoin de créer un objet voiture comme les voitures sont uniformes .
- Une classe **Ferry** qui contient un attribut **pos** de type **Rive** qui indique la rive où le ferry se trouve (hypothèse 4). Autre que la position un ferry peut être dans l'une des deux états : pleine ou vide (hypothèse 1) donc il y'a besoin d'un autre attribut **empty** de type booléen. Ces deux attributs sont accessibles à travers des méthodes (voir figure 5.3) qui seront invoquées par les tâches[51] du modèle.

FIG.5.2 Le diagramme de classe de l'exemple de ferry

Les classes Unload, Load, Move représentent les tâches du modèle les autres sont les objets du monde
Chacune de ces trois tâches a une liste de préconditions et une liste des effets. Chaque élément de ces deux listes utilise une combinaison d'appel des méthodes appliquées sur les objets du monde. En général dans les préconditions on invoque les méthodes de consultation, tandis que dans les effets les méthodes de mise à jour sont invoquées pour changer l'état d'un (ou des) objet(s).

Les tâches de ce modèle sont définies de la manière suivante:

- Move(Ferry ,Rive)

> **Précondition:** *Ferry.getPos().Notequals(Rive)*
> **Effets:** *Ferry.setPos(Rive)*

Notons que pour cette tâche on n'a pas besoin de préciser la position initiale de *ferry*. Car le l'objet **Ferry** contient un attribut de type **Rive** qui indique la position courante de ferry. Cet avantage va servir de réduire les paramètres de toutes les tâches dans cet exemple et le nombre de préconditions.
Les préconditions les effets de cette même tâche *Move* en STRIPS seront :

---

[51] Les préconditions pour les « get-teurs » et les effets pour les « set-teurs ».

- *Load(Ferry)*
    Préconditions*: Ferry.isEmpty()*
              Ferry.getPos().supNbVoiture(0)
    Effets : *ferry.setEmpty(false)*
            Ferry.getPos().dec()

- *Unload(Ferry)*
    Préconditions*: Ferry.isNotEmpty()*
    Effets : *ferry.setEmpty(true)*
            Ferry.getPos().inc()

Pour plus des explications sur les préconditions et les effets des tâches de l'exemple de ferry voir (Chapitre 4 - §4.2 - *exemple de ferry*).

Les différentes méthodes utilisées dans les préconditions et les effets des tâches précédentes sont des méthodes implantées dans la classe **Ferry** et la classe **Rive**. La figure suivante (fig.5.3) montre les différentes méthodes de ces deux classes.

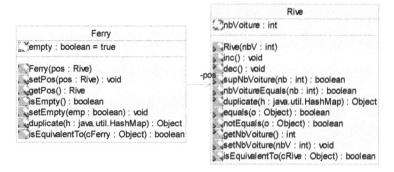

FIG. 5.3 Les méthodes de l'exemple de ferry.

On remarque dans cette figure (fig. 5.3) l'existence de méthodes telles que :
    duplicate(h : java.util.HashMap) : Object,
    isEquivalentTo(cFerry : Object) : Object,
dans la classe Ferry.

Et

duplicate(h : java.util.HashMap) : Object,
isEquivalentTo(cRive : Object) : Object,
dans la classe Rive.

Ces deux méthodes[52] doivent être implémentées dans chacune des classes supportant la planification. Pour qu'une classe appartienne à un domaine planifiable, elle doit implémenter une interface qui s'appelle **EnablePlanning** (voir chapitre 4 - §-4.4). Cette dernière impose l'implantation de ces deux méthodes.

5.2 **Domaine de blocks World.**

Dans ce domaine on a un ensemble de cubes de même dimension et une table. Les cubes sont placés dans une structure quelconque sur la table. Le problème consiste à changer une structure donnée de cubes à une autre structure souhaitée. Ce passage d'une structure doit être fait en respectant quelques règles imposées par ce domaine.

Hypothèses :
1- Chacun des cubes doit être placé sur la table ou bien sur un autre cube.
2- Pour pouvoir déplacer un cube de sa position, il faut qu'il soit libre[53].
3- Pour pouvoir déposer un cube sur un autre, le cube destinataire doit être libre.
4- Un cube peut porter un seul autre cube.
5- La table peut toujours porter tous les cubes à plat. C'est-à-dire, la table est toujours libre pour porter un cube.

Soit l'exemple suivant (figure 5.4) :
L'état initial : (A sur table) ;(B sur table) ; (C sur A).
Le but est d'avoir : (C sur table) ;(B sur A) ;(A sur B)

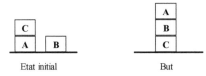

Etat initial   But

FIG.5.4 Exemple de Blocks World

Pour modéliser ce jeu on a besoin des classes suivantes :

---

[52] La méthode duplicate() et la méthode isEquivalentTo().
[53] Ne doit pas avoir un autre cube placé sur lui.

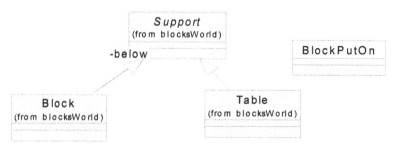

FIG.5.5 diagramme de classe de l'exemple de blocks World .

La classe ***BlockPutOn*** représente la tâche de ce modèle tandis que **Support, Block** et **Table**
représentent les objets du monde.
La tâche ***BlockPutOn*** a comme paramètre ***BlockPutOn****(Block, Support)* où le *Support* peut
être un cube ou bien la table.

BlockPutOn*(Block, Support)* permet de d'enlever un cube d'un endroit et de le placer dans
un autre endroit.

> **Préconditions :** *Block.isClear()* ; le cube doit être libre.
> *Support.isClear();* le support doit être libre.
> *Block.isNotEqual(Support);* le support ne doit pas être le cube lui-même.

> **Effets:** *Block.getBelow.setClear(true);* mettre libre ce qui était sous le cube.
> *Support.setClear(false);* mettre non libre le support où on dispose le
> cube.
> *Block.setBelow(Support)* ; mettre un pointeur dans le cube sur l'objet qui est au-
> dessous(le *Support*).

L'avantage cette représentation objet par rapport à STRIPS. C'est que dans STRIPS il y'a
besoin de trois paramètres [BlockPutOn(Block, SupportFrom, SupportTo)] pour la tâche au
lieu de deux dans notre modélisation. Ce qui nous donne la possibilité de réduire le nombre
de *ground tasks*, et comme conséquence d'accélérer la recherche d'un planificateur.

Le choix de cette modélisation de classe va nous permettre de déplacer un bloc de sa position
vers une autre position sans tenir compte de ce qui est au dessous du cube si c'est la table ou
bien un autre cube. De même le déplacement ce fait d'une façon identique que la destination
soit la table ou un cube. Cette transparence est assurée par la classe abstraite *Support* qui peut
être une table ou un cube.
On remarque dans la figure 5.4 que la méthode *getBelow()* retourne un objet de type ***Support***.
De même la méthode *setBelow(arg0 : Support)* prend comme paramètre un objet de type
Support. Dans d'autre langages de planification où l'orienté objet n'est pas utilisé, cette
transparence n'existe pas. Dans ces langages le concepteur du système est obliger à utiliser
deux catégories de fonctions : une catégorie sera utilisée pour le traitement de la position
d'un cube sur la table, et une autre pour la position sur un autre cube. Ce qui rend le nombre
de tests beaucoup plus grand , et par conséquence le temps de planification sera affecté.

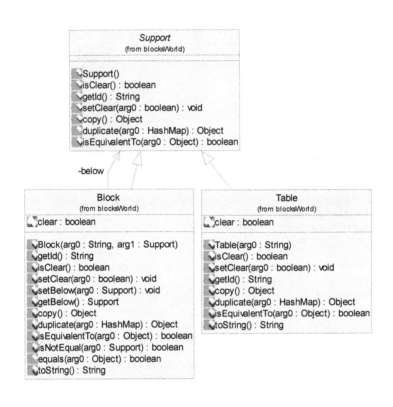

FIG.5.6 Les méthodes du domaine de blocks world.

D'autre part on remarque que les méthodes *isClear()* et *setClear(arg0 :boolean)* sont implantées dans la classe **Block** et la Classe **Table**. Mais en réalité ces méthodes n'ont pas de sens dans la classe **Table** comme la table est toujours libre (hypothèse-5). Pour rendre le support qui porte un cube transparent, j'ai utilisé cette bidouille. La méthode *isClear()* dans **Table** retourne toujours la valeur Vraie et la méthode *setClear(arg0 :boolean)* ne fait rien elle est sans instructions. Tandis que la première méthode retourne une valeur vraie ou Faux selon l'état de l'objet cube dans **Block** et la deuxième change la valeur de vérité de la liberté du cube.

5.3 Domaine de logistiques.

Dans ce domaine, un ensemble d'objets (packages) doivent être déplacés d'une ville à une autre. Les moyens de transporter les packages entre villes sont les camions et les avions.

Hypothèse :
1- Si la source et la destination sont dans une même ville, un camion est utilisé pour déplacer les objets (packages).
2- Si la destination est dans une ville différente que celui de la source, il faut utiliser un avion.
3- Un avion ne peut être que dans un aéroport.
4- Un camion peut être dans une zone ou dans l'aéroport.

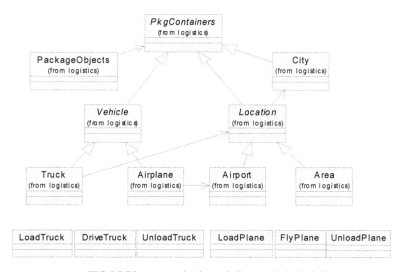

FIG.5.7 Diagramme de classe de l'exemple de logistiques.

Pour ce modèle on a crée les classes suivantes : Une classe abstraite **PkgContainer** qui représente un conteneur des objets (packages).Ce conteneur peut être un véhicule (**Vehicle**) ou bien un lieu (**Location**) représentées par des classes abstraites.
A son tour, un véhicule peut être un camion « classe **Truck** » ou un avion « classe **Airplane** » et un lieu peut être un endroit quelconque « classe Area » ou bien un aéroport « class Airport ». D'autre part, un objet « classe **PackageObjects** » se trouve dans un conteneur « PackageContainer », et un lieu se trouve dans une ville « classe **City** » qui hérite de « PackageContainer ».

Cette modélisation va faciliter l'application des tâches de ce modèle qui sont :
LoadTruck, DriveTruck, UnloadTruck : pour un camion et
LoadPlane, FlyPlane, UnloadPlane : pour un avion.

Les préconditions et les effets de ces tâches sur les objets du monde sont :

- **LoadTruck**(*Truck, PackageObject*)

69

Préconditions: *Truck.isEmpty()* ; le camion est vide.

Truck.getLocation().equals(PackageObject.getLocation()); le camion et l'objet sont dans le même lieu.

Effets : *Truck.setEmpty(false);* mettre le camion non vide.

PackageObject.setLocation(Truck); changer le lieu de l'objet pour être le camion.

- DriveTruck *(Truck, Location)*

Préconditions: *Truck.getLocation().notEquals(Location)* ; le camion n'est pas sur le lieu destinataire.

Truck.getLocation().getCity().equals(Location.getCity()); le camion et le lieu sont dans la même ville.

Effets : *Truck.setLocation(Location);* changer le lieu du camion pour être le lieu destinataire.

- UnloadTruck*(Truck, Location, PackageObject)*

Préconditions: *Truck.isEmpty().equals(false)* ; le camion n'est pas vide.

Truck.getLocation().equals(Location); le camion est sur le lieu.

PackageObject.getLocation()equals(truck) ; l'objet est dans le camion.

Effets : *Truck.setEmpty(true)* ; mettre le camion vide.

PackageObject.setLocation(Location); changer le lieu de l'objet pour être le lieu de paramètre.

- LoadPlane*(AirPlane, PackageObject)*

Préconditions: *AirPlane.isEmpty()* ; l'avion est vide.

AirPlane.getLocation().equals(PackageObject.getLocation()); l'avion et l'objet sont dans le même aéroport.

Effets : *AirPlane.setEmpty(false);* mettre l'avion non vide.

PackageObject.setLocation(AirPlane); changer le lieu de l'objet pour être l'avion.

- FlyPlane *(AirPlane, Airport)*

Préconditions: *AirPlane.getLocation().notEquals(Airport)* l'avion n'est pas sur l'aéroport destinataire.

Effets : *AirPlane.setLocation(Airport);* changer le lieu l'avion pour être l'aéroport destinataire.

- UnloadPlane*(AirPlane, Airport, PackageObject)*

Préconditions: *AirPlane.isEmpty().equals(false)* l'avion n'est pas vide.

AirPlane.getLocation().equals(Airport); l'avion est sur l'aéroport destinataire.

PackageObject.getLocation()equals(AirPlane) ; l'objet est dans l'avion.

Effets : *AirPlane.setEmpty(true)* ; mettre l'avion à vide.

PackageObject.setLocation(Airport); changer le lieu de l'objet pour être l'aéroport de paramètre.

On remarque dans ce problème que des objets différents utilisent des méthodes communes qui ont des effets semblables mais appliqués sur différents types de paramètres.

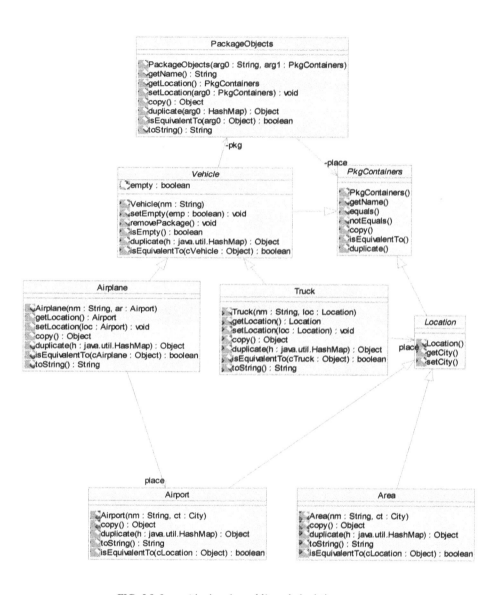

FIG. 5.8 Les méthodes du problème de logistiques.

Par exemple, les méthodes *getLocation()* est commun entre la class **Truck** et la classe **AirPlane,** mais dans chacune de ces deux classes cette méthode retourne un type différent .

Dans la classe **Truck** *getLocation()* retourne une valeur de type **Location** qui peut être un type **Area** ou un type **Airport**, tandis que dans la classe **Airplane** le type de *getLocation()* est strictement un **Airport**. Cette restriction est pour s'assurer qu'un avion ne peut pas être que dans un aéroport lorsqu'il est sur terre, par contre un camion peut être dans une zone quelconque ou dans l'aéroport.

La même méthode *getLocation()* utilisée cette fois dans **PackageObjects** a un peu plus de travail à faire car le lieu ou se trouve un package peut est un **PkgContainers** qui peut être l'une des quatre types : **Area**, **Airport**, **Truck** ou **Airplane**. Si on regarde le diagramme de classe on remarque que la classe **Location** est une class mère de la classe **Area** et de la classe **Airport**. Par la suite la classe **Vehicle** est une classe mère de la classe **Truck** et de la classe **Airplane**. Enfin, les deux classes **Vehicle** et **Location** sont deux sous-classes de la classe mère **PkgContainers**. Cette structuration de classes assure que la méthode *getLocation()* une fois invoquée dans **PackageObjects** va être dynamiquement appliquée dans l'une des quatre sous-classes selon le type du conteneur du package en question. De la même manière la liaison dynamique et le polymorphisme branchent l'appel de la méthode *setLocation(arg0 : PkgContainers)* vers la sous-classe convenable selon le sous-type de *arg0*.

Démarche général du problème de logistiques.

Le but de ce problème est de déplacer les packages d'un endroit à un autre. Les méthodes utilisées dans se modèle sont simples, et elles ont comme rôle le changement de l'endroit des packages et des véhicules (camions ou avions). Les méthodes qui sont plus difficiles à être implantées sont celle qui fait le clonage des objet et celle qui teste l'égalité de deux objets. Ces deux dernières méthodes doivent être implémenté d'une interface **EnablePlanning** qui permet à l'objet d'appartenir au monde de planification.

Les actions de ce modèle seront introduites dans l'éditeur des actions, pour être par la suite compilé dans un fichier qui garde le modèle compilé du domaine. A noter, que chaque action doit être introduite avec ses actions et ses effets comme on a déjà vu un peu plus haut dans ce paragraphe.

Une fois ces composants sont préparés le modèle sera prêt pour appliquer la planification. L'utilisateur a le choix de définir autant de villes, d'aéroports, de zones, d'avions et de camions qu'il veut, selon la nature et le besoin de son domaine. Cette définition sera faite par une simple instanciation de chacune des objets concernés.

Dans l'annexe de ce livre je montre la définition d'un jeu de test appliquer sur ce domaine.

Annexe

Dans cette annexe on va présenter un exemple utilisé comme un jeu de test dans la planification. Le but de cette présentation est de montrer comment définir les objets du domaines, une fois le la modélisation de ce domaine est intégré à notre API de planification. Cet exemple est un problème de logistiques dont le modèle est défini dans le chapitre 5 (§- 5.3). Les objets formant ce problème sont les suivant :
- 3 villes : pgh, bos, la.
- 6 zones : pgh-po, bos-po, la-po, pgh-central, bos-central, la-central.
- 3 aéroports : pgh-airport, bos-airport, la-airport.
- 3 camions: pgh-truck, bos-truck, la-truck.
- 2 aéroports: airplane1,airplane2.
- 8 packages: package1, package2,…, package8.

Au départ, les objets du monde sont distribués de la manière suivante :

- Les zones : « pgh-po » et « pgh-central » sont dans la ville « pgh »,
  « bos-po » et « bos –central » sont dans la ville « bos »,
  « la-po » et « la –central » sont dans la ville « *la* ».
- Les aéroports : « pgh-airport » est dans la ville « pgh»,
  « bos-airport » est dans la ville « bos »,
  « la-airport » est dans la ville « la ».
- Les camions : «pgh-truck» est dans la zone « pgh-po »,
  «bos -truck» est dans la zone « bos -po »,
  «la -truck» est dans la zone « la -po ».
- Les avions : « airplane1 » est dans l'aéroport « pgh-airport »,
  « airplane2 » est dans l'aéroport « pgh-airport ».
- Les packages : « package1 »,…, « package4 » sont dans la zone « pgh-po »,
  « package5 »,…, « package8 » sont dans la zone « bos-po »,

Cette distribution des objets n'est autre que l'état initial du problème de la planification.

Le but de ce problème est de trouver la séquence des tâches permettant d'atteindre la distribution suivante des objets :
-Les packages : « package1 » dans la zone « bos-po »,
  « package2 » dans l'aéroport « bos-airport »,
  « package3 » dans la zone « la-po »,
  « package4 » l'aéroport « la-airport »,
  « package5 » dans la zone « pgh-po »,
  « package6 » l'aéroport « pgh-airport »,
  « package7 » dans la zone pgh -po,
  « package8 » dans la zone pgh -po.

Le programme Java suivant montre la définition de ce problème en utilisant notre API de planification.

```
1.  package logistics;
2.  import task.*;
3.  import system.*;
4.  import java.io.*;
5.  import java.util.*;
6.  import taskGraph.*;
7.  import planning.*;

8.  public class PlanLogistics
9.  {

10. public static  void main(String[] args) throws Throwable
11. {
12. //Timing
13. Date d1=Calendar.getInstance().getTime();
14. long s1=d1.getTime();

15. // Récupération des tâches à partir du fichier compilé « .mdt » qui contient le modèle.
16. Model m=new Model();
17. try {  int s=m.open(new File("logistics.mdt"));
18. if ( s!=0 ) { System.out.println("Erreur "+s); System.exit(1); }

19. TerminalTask[] tt = new TerminalTask[6];
20. tt[0]= (TerminalTask)m.getTask("LoadTruck");
21. tt[1]= (TerminalTask)m.getTask("LoadPlane");
22. tt[2]= (TerminalTask)m.getTask("UnloadTruck");
23. tt[3]= (TerminalTask)m.getTask("UnloadPlane");
24. tt[4]= (TerminalTask)m.getTask("DriveTruck");
25. tt[5]= (TerminalTask)m.getTask("FlyPlane");

26. // Préparation de l"état initial.
27. ArrayList etats=new ArrayList();

28. /*
29. ;; original name logistics.a
30. ;; extended version of logistics_facts7h
31. ;; (:length (:parallel 11))
32. ;; optimal
33. ;; #actions 54 #states 10^11
34. */

35. City pgh=new City("pgh");
36. City bos=new City("bos");
37. City la=new City("la");

38. etats.add(pgh);
39. etats.add(bos);
40. etats.add(la);

41. Area bospo=new Area("bos-po",bos);
```

74

42. Area lapo=new Area("la-po",la);
43. Area pghpo=new Area("pgh-po",pgh);

44. etats.add(bospo);
45. etats.add(lapo);
46. etats.add(pghpo);

47. Area boscentral=new Area("bos-central",bos);
48. Area lacentral=new Area("la-central",la);
49. Area pghcentral=new Area("pgh-central",pgh);

50. etats.add(boscentral);
51. etats.add(lacentral);
52. etats.add(pghcentral);

53. Airport bosairport=new Airport("bos-airport",bos);
54. Airport laairport=new Airport("la-airport",pgh);
55. Airport pghairport=new Airport("pgh-airport",pgh);

56. etats.add(bosairport);
57. etats.add(laairport);
58. etats.add(pghairport);

59. Truck bostruck=new Truck("bos-truck",bospo);
60. Truck pghtruck=new Truck("pgh-truck",pghpo);
61. Truck latruck=new Truck("la-truck",lapo);

62. etats.add(bostruck);
63. etats.add(pghtruck);
64. etats.add(latruck);

65. Airplane airplane1=new Airplane("airplane1", pghairport);
66. Airplane airplane2=new Airplane("airplane2", pghairport);

67. etats.add(airplane1);
68. etats.add(airplane2);

69. PackageObjects package1=new PackageObjects("package1", pghpo);
70. PackageObjects package2=new PackageObjects("package2", pghpo);
71. PackageObjects package3=new PackageObjects("package3", pghpo);
72. PackageObjects package4=new PackageObjects("package4", pghpo);
73. PackageObjects package5=new PackageObjects("package5", bospo);
74. PackageObjects package6=new PackageObjects("package6", bospo);
75. PackageObjects package7=new PackageObjects("package7", bospo);
76. PackageObjects package8=new PackageObjects("package8", bospo);

77. etats.add(package1);
78. etats.add(package2);
79. etats.add(package3);
80. etats.add(package4);

```
81. etats.add(package5);
82. etats.add(package6);
83. etats.add(package7);
84. etats.add(package8);

85. // Lancer le produit cartésien et récupère la liste des tâches applicables.
86. GeneratePlan gPlan=new GeneratePlan();
87. ArrayList applTaches=gPlan.getApplTask(tt,etats);// la liste des tâches instanciées.

88. // Préparer le but.
89. State et=new State(etats,etats,applTaches);
90. Goal but=new Goal(et);

91. //#extended version of logistics_facts7h
92. but.addCondition("17:getLocation().equals(3:)");
93. but.addCondition("18:getLocation().equals(9:)");
94. but.addCondition("19:getLocation().equals(4:)");
95. but.addCondition("20:getLocation().equals(10:)");
96. but.addCondition("21:getLocation().equals(5:)");
97. but.addCondition("22:getLocation().equals(11:)");
98. but.addCondition("23:getLocation().equals(5:)");
99. but.addCondition("24:getLocation().equals(5:)");


100. State finalState= gPlan.getPlan(applTaches,but,etats) ;

101. Date d2=Calendar.getInstance().getTime();
102. long s2=d2.getTime();
103. long sr=s2-s1;
104. long srsec=sr/1000;
105. long srmsec=sr-srsec*1000;
106. long srmin=srsec/60;
107. srsec=srsec-srmin*60;
108. if (finalState==null){
109. System.out.println("L'état final est :" + finalState +"  time : "+srmin+ " : " +srsec+ " :
     " +srmsec);
110. }else{
111. System.out.println("L'état final est :" + finalState +"  Le Numéro est : "+
     finalState.getStateID()+"  time : "+srmin+ " : " +srsec+ " : " +srmsec);
112. System.out.println("Etat des objets :"+finalState.toString());

113. ArrayList fnb=new ArrayList();
114. ArrayList ftc=new ArrayList();

115. do{
116. fnb.add((new Integer(finalState.getStateID())));
117. if (finalState.getTachePrec()!=null)
     ftc.add(finalState.getTachePrec().getDescriptionTask().getName());
118. finalState=finalState.getPrec();
```

```
119. } while (finalState!=null);
120. System.out.print("Tasks number="+fnb.size()+"--States'
     Numbers="+fnb+"\ntaches="+ftc);
121. }
122. }catch (Exception e)
123. {e.printStackTrace();}

124. }

125. }
```

Conclusion.

Depuis environ 12 ans la planification connaît de très nombreux développements. Cette croissance se manifeste par des réunions de plus en plus importantes de la communauté des spécialistes de ce domaine, comme la conférence AIPS (AI Planning System).

Malgré l'évolution de la recherche dans ce domaine, plusieurs problèmes ne sont pas encore résolus. La plupart de ces problèmes sont dus à la limite en espace mémoire des systèmes et au temps d'exécution acceptable pour une opération de planification. Des nouvelles algorithmes permettent d'optimiser l'utilisation de l'espace mémoire et de réduire le temps de génération du plan solution. D'où le travail dans ce domaine nécessite une bonne connaissance théorique qui est indispensable pour comprendre les limites de l'environnement du monde de planification.

Le travail présenté dans ce livre vise à utiliser une nouvelle technologie de planification basée sur l'utilisation des objets au lieu de la représentation littérale classique ; les deux planificateurs déjà développés ont pour but de rendre la théorie d'Object-Strips opérationnelle.

Plusieurs difficultés ont été rencontrées pendant la mise en œuvre de ces planificateurs. Parmi ces difficultés, celles qui sont dues à la planification dans un monde objet, et d'autre qui sont des problèmes de performances classiques dans la planification.

Un des principaux problèmes rencontré par la planification dans un monde objet est le clonage des objets dans la mémoire de façon à maintenir la cohérence entre les objets appartenant à un même état. Comme il n'y a pas un outil dans Java qui assure le clonage profond[54], je propose un algorithme qui permet de dupliquer les objets susceptibles d'être affectés par une modification durant la planification pour chaque état généré. Cet algorithme permet de cloner toutes les imbrications d'objets (définies par le concepteur du monde).

Une autre difficulté rencontrée avec les objets est la génération des *ground tasks* correspondant à l'ensemble des instanciations des tâches sur le monde objet considéré. Pour cette raison j'ai mis en œuvre un algorithme qui effectue le produit cartésien des objets du monde jouant le rôle de paramètres des tâches. Cet algorithme compare les types de ces objets avec les types des paramètres formels des tâches. Un objet du monde est affecté à un paramètre formel, si son type correspond au type du paramètre ou a un de ces sous-type.

Des difficultés bien connues dans la planification classique comme le temps d'exécution et l'espace mémoire, sont plus difficiles à résoudre dans un monde objet que dans un monde de littéraux. Ainsi, j'ai développé un algorithme de détection de cycles dans le graphe d'états, permettant de réduire le temps d'exécution[55] et de minimiser l'occupation mémoire. Le mécanisme de base utilisé dans cet algorithme est la comparaison de l'égalité de deux versions d'un même objet n'étant pas préalablement supporté par le langage Java. Par la suite, en cas de redondance un appel explicite à la ramasse miette va permettre la libération de la zone mémoire occupée par ces objets après le dégagement de toutes les références qui pointent ces objets.

Pour rendre les planificateurs implémentés dans ce projet opérationnels, j'ai développé plusieurs domaines de planifications. La nouveauté dans le développement de ces domaines est la modélisation objet. J'ai remarqué qu'un bon choix de classes et de relations entre les

---

[54] Java effectue le clonage des objets sans nécessairement prendre en compte les objets qui le constituent.
[55] La recherche d'un plan solution.

différentes classes d'un domaine peut améliorer l'opération de planification dans ce domaine. J'ai utilisé l'héritage et de classes abstraites dans quelques domaines pour masquer des objets et rendre leur traitement transparent par rapport à l'extérieur. Ce choix d'héritage a facilité la définition des tâches où, plusieurs conditions ont été éliminées car elles ont été implicitement assignées à la liaison dynamique assuré par le langage Java.

D'autre part les domaines définis dans ce projet ont servi comme jeu de tests, pour permettre la démonstration de l'efficacité des planificateurs mis en œuvre d'une part et pour montrer la simplicité de la définition pour les ingénieurs et les développeurs.

Le travail sur le projet POW ne se termine pas à ce stade. Un planificateur en chaînage arrière est en cours de mise en œuvre. Ce planificateur doit permettre de réduire le temps de recherche du plan solution, en suivant un chemin allant du but à l'état initial. Parmi les problèmes rencontrés par ce type de planification : il semble nécessaire de concevoir un outil permettant de créer dynamiquement l'inverse d'une méthode, pour transformer les effets des tâches en préconditions. Cette technique devrait permettre de transformer le but en un ensemble de sous-buts, et ainsi de suite jusqu'à la vérification de l'état initial.

De plus, une recherche heuristique va être ajoutée aux planificateurs, après la réalisation complète du chaînage arrière. Cette recherche heuristique peut être introduite de deux manières différentes : La première consiste à donner une distance (ou bien un poids) à chaque élément de but, de façon à considérer le but comme étant un ensemble de sous-buts. Durant la recherche, le chemin ayant la distance la plus courte par rapport au but est préféré aux autres. La deuxième manière est de développer un graphe de buts en chaînage arrière permettant de définir une priorité (un ordre) sur les tâches par rapport à leur séquence, puis le graphe est parcouru en chaînage avant en préférant le (ou les) chemin(s) qui respecte de plus la priorité de séquence déjà trouvée. Cette dernière technique[56] devrait constituer la matière d'une planification mixte.

---

[56] Peut être avec une forme plus élaborée.

Références bibliographiques.

- [Newell & Simon, 1963] A. Newell and H. A. Simon. GPS: Aprogram that simulates human thought. *Computers and Thought, New York: McGraw-Hill* 1963.
- [Allen & Perrault, 1980] James F. Allen and C. Raymond Perrault. Analyzing intention in utterances. *Artificial Intelligence*, 15: 143-178, 1980.
- [Blum & Furst,1997] A. Blum and M. Furst. Fast planning through planning graph analysis. *Artificial Intelligence*,90(1-2):281-300 , 1997.
- [Bonet & Geffner,1998] B. Bonet and H. Geffner. HSP: Heuristic search planner. *In AIPS-98 Planning Competition, Pittsburgh*, 1998.
- [Bonet & Geffner,1999] B. Bonet and H. Geffner. Planning as heuristic search: New results. *In European Conference on Planning (ECP-99). Durham, UK, Springer*, 1999.
- [Banergi & al,1984] R.B. Banergi, GPS and the psychology of the rubik cubist: a study in reasoning about actions, A. Elithiorn and R. Banerji Eds., *Artificial and Human intelligence, Amsterdam*, 1984.
- [Bratko & al,1984] I. Bratko, Advice and planning in chess endgames, A. Elithiorn and R. Banerji Eds., *Artificial and Human intelligence, Amsterdam*, 1984.
- [Cohen & Levesque, 1990] P.R. Cohen and H.J. Levesque. Persistence, intention, and commitment. P.R. Cohen, J.L. Morgan, ME Pollack, editors, Intention in communication. *MIT Press, Cambridge, MA, pages 33-70*, 1990.
- [koehler & al.,1997] Jana koehler, Bernhard Nebel, Jörg hoffman and Yannis Dimopoulos. Extendind planning graphs to ADL subset. *ECP-97 pages 273-285*, 1997.
- [Long & Fox, 1999] D Long and M Fox. Efficient implementation of the plan graph in STAN. *Journal of Artificial Intelligence Research, 10:87-115*, 1999.
- [Smith & Weld, 1998a] D. Smith and D. Weld. Conformant graphplan. *In 15th National Conf. On AI, AAAI'98*, 1998.
- [Smith & Weld, 1998b] D Smith and D Weld. Incremental graphplan. Technical Report UW-CSE- 98-09-06, *Departement of computer science and engineering Universty of Washington*, 1998.
- [Weld, 1999] D. Weld. Recent advances in AI planning. *AI Magazine*, 1999.
- [Weld & al, 1998] D. Weld, C. Anderson, and D. Smith. Extending graphplan to handle uncertainty and sensing actions. *In 15th National Conf. On AI, AAAI'98*, 1998.
- [Fikes & Nilsson, 1971] R.E. Fikes and N.J. Nilsson. STRIPS: A new approach to the application of theorem proving to problem solving. *Artificial Intelligence, 2:198-208*, 1971.
- [Camilleri, 2000] Thèse de Guy Camilleri, Une approche, basée sur les plans, de la communication dans les systèmes à base de connaissances coopératifs. *IRIT*-2000.
- [Geffner , 1999] H. Geffner. Functional strips: A more language for planning and problem solving. *Earlier version presented at Logic-based AI Workshop, Washington D.C.*, 1999.
- [Geffner, 2000] H Geffner. Functional strips: A more language for planning and problem solving. *To appear in Logic-Based Artificial Intelligence*, 2000.

- [McDermott, 1998b] Drew McDermott. The 1998 AI Planning systems competition *to appear*, *AI Magazine*,2000.

- [Soubie & Kacem, 1994] Jean-Luc Soubie and Hadj A. Kacem. Modèles de coopération Homme/Système Intelligent. Pavard B Systèmes coopératifs : de la modélisation à la conception, *Atelier Cognition Partagée Octares Toulouse France*, 1994.

- [Simpson & McCluskey,2000] R. M. Simpson and T. L. McCluskey, OCLGraph: Exploiting object structure in a plan graph algorithm. *AIPS-2000*

- [Thorndyke , 1981] P.W. Thorndyke, AUTOPILOT: a distributes planner for air fleet control, *IJCAI*, 1981.

- [Sacerdoti, 1974] E.D. Sacerdoti. Planning in a hierarchy of abstraction spaces. *Artificial Intelligence, 5*, 1974.

- [Cluskey & Porteous,1997] T.L. Mc Cluskey and J.M. Porteous. Engineering and compiling planning domain models to promote validity and efficiency. *Artificial Intelligence (95)1 (1997) pp.1 – 65*,1997.

- [Lotem & al., 1999] A. Lotem, D. Nau and J. Hendler. Using planning graphs for solving HTN problems. *In AAA-99,pages 534-540*,1999.

- [McCluskey &. Kitchin, 1998] T.L. McCluskey and D.E. Kitchin, A tool-supported approach to engineering HTN planning models. *In Proceedings of 10th IEEE International Conference on Tools with Artificial Intelligence*, 1998.

- [Wesson , 1997] R.B. Wesson, Planning in the world of the air traffic controller, *IJCAI*, 1997.

- [Wilkins,1983.b] D.E. Wilkins, Representation in a domain independent planner, *IJCAI*, 1983.

82

ÉDITIONS
UNIVERSITAIRES
EUROPÉENNES

Une maison d'édition scientifique

vous propose

la publication gratuite

de vos articles, de vos travaux de fin d'études, de vos mémoires de master, de vos thèses ainsi que de vos monographies scientifiques.

Vous êtes l'auteur d'une thèse exigeante sur le plan du contenu comme de la forme et vous êtes intéressé par l'édition rémunérée de vos travaux? Alors envoyez-nous un email avec quelques informations sur vous et vos recherches à: info@editions-ue.com.

Notre service d'édition vous contactera dans les plus brefs délais.

Éditions universitaires européennes est une marque déposée de Südwestdeutscher Verlag für Hochschulschriften GmbH & Co. KG
Dudweiler Landstraße 99
66123 Sarrebruck
Allemagne

Téléphone : +49 (0) 681 37 20 271-1
Fax : +49 (0) 681 37 20 271-0
Email : info[at]editions-ue.com
www.editions-ue.com